CONTRO IL LAVORO

MANIFESTO PER UNA NUOVA LIBERTÀ

Edoardo Gagliardi

Poseidon Books

*L'etica del lavoro è l'etica degli schiavi,
e il mondo moderno non ha bisogno di schiavi.*

BERTRAND RUSSELL

INDICE

1

Il lavoro non va riformato ma superato. A parte qualche voce solitaria, per lo più relegata ai margini della società e dell'industria culturale, non si è mai presa seriamente in considerazione la possibilità (e la necessità) che il lavoro, nel suo senso concettuale e pratico, vada superato e non semplicemente riformato. Da destra a sinistra, se questi due termini valgono ancora a descrivere uno spettro politico coerente, si ripetono sempre le solite storie: aumentare l'occupazione, abbassare la disoccupazione, migliorare le condizioni di lavoro, aumentare i salari. Il lavoro, quindi, lungi dall'essere la naturale prosecuzione dello sviluppo integro della persona umana diventa un feticcio, una divinità da idolatrare. Non solo, il lavoro rappresenta l'orizzonte-limite entro il quale l'essere umano deve contenersi e rispecchiarsi. Questa condizione è una vera e propria schiavitù, perché, di fatto, il lavoro è schiavitù e si vedrà di seguito in quali modalità questa schiavitù si esprime e affligge la vita delle persone. Il lavoro, e la sua esaltazione orgasmica, serve tanto l'imprenditore che non vuole altro che sfruttare i propri sottoposti, quanto a chi esalta e difende i lavoratori, una categoria sempre più maltrattata ma che continua a essere tenuta in piedi per i giochi politici di sindacati che ormai da tempo hanno abbandonato il loro ruolo di mediatori tra il potere imprenditoriale e le esigenze dei lavoratori. Ma per i sindacati, così come per chi sfrutta il lavoro malpagato, l'essere umano esiste solo in funzione del lavoro. Ovvero, esiste se è sfruttabile, ricattabile, manipolabile. Paradossalmente l'essere umano rimane in tale condizione anche quando è disoccupato, quando cioè è apparentemente fuori dal meccanismo di schiavitù innescato dal lavoro. Si presti attenzione alla parola stessa disoccupato: messo fuori, rilasciato da qualcosa che l'occupava. Il lavoro è una occupazione, usurpazione integrale dell'essenza animica e corporea della persona. Il disoccupato è anche lui schiavo, in quanto il suo stato (appunto, quello di non-lavoratore) si determina solo in rapporto a una occupazione che temporaneamente non esiste. Non si tratta di un uomo liberato dallo schiavismo del lavoro ma di una sub-condizione determinata dal lavoro stesso. Si può dire che si tratta di una schiavitù nella schiavitù: nella condizione di non lavorante l'essere umano si trova in una doppia dipendenza, dal non lavorare e dall'essere disoccupato in costante tensione per la ricerca di una nuova occupazione. Su questo punto si potrebbe avanzare una obiezione: l'occupazione a cui si riferisce il lavoro sarebbe parziale e comunque intesa come un'attività che si svolge per un certo periodo di tempo e/o in un determinato luogo. La falsità di questa obiezione risulterà più chiara alla fine di questo libro, qui si può tuttavia affermare che il lavoro è occupazione totale della vita interna e esterna dell'uomo. Nella condizione lavorativa e, come si è notato, non lavorativa, l'uomo viene spossessato della sua essenza di uomo e di persona (termini qui utilizzati non come sinonimi), ridotto a idolatrare laicamente o religiosamente un sistema che gli ruba la vita. Il completo rifiuto di pensare e immaginare una società senza lavoro, una situazione che questo libro si propone di ribaltare, deriva anche dal fatto che i punti di riferimento politici, sociali e culturali delle società umane non hanno mai pensato che il lavoro è inutile, laddove utile si deve intendere come lo sfruttamento indebito della vita altrui a vantaggio di pochi. I partiti politici, i sindacati, lo Stato, la Chiesa, la scuola, insomma tutte le istituzioni che, a vari livelli, hanno il potere di imporre le proprie volontà non fanno che mantenere un punto fermo: il lavoro è essenziale, serve. Sarebbe impossibile, dicono, immaginare un mondo senza lavoro. Perché? Perché è impossibile, per loro, immaginare un mondo senza la schiavitù, senza la dipendenza. Perché l'essere umano non è stato (quasi) mai libero e mai lo deve essere. Che la si guardi da destra, da centro o da sinistra, questa convinzione non è mai mutata e non accenna a mutare. In altre parole, è fondamentale che il lavoro non scompaia. Certo, può trasformarsi per alcuni in disoccupazione temporanea, e si tratta pur sempre di schiavitù ma al quadrato. Il lavoro come concetto e come fatto non può e non deve sparire, perché la vita dell'uomo non può essere vissuta nella piena consapevolezza. Tra i dispositivi attraverso i quali le istituzioni, pubbliche e private, i soggetti, pubblici e privati, controllano le persone c'è anche il lavoro che, tra tutti, è quello fondamentale e il meno percepito dalla gente come strumento di alienazione e schiavitù. Per alcuni il fine della lotta è conquistare aumenti salariali, per altri il miglioramento delle condizioni lavorative, per altri ancora il licenziamento di migliaia di persone, da collocare appunto nella schiavitù della disoccupazione, per altri poi è la riduzione della persona a soggetto che esplica la sue attività lavorative per un tozzo di pane. Il panorama politico-ideologico, dall'estrema destra all'estrema sinistra, non offre che questo: lavoro, lavoro e ancora lavoro! Il mondo, di tanto in tanto, abbandona vecchi feticci per accoglierne di nuovi, sembra però che il lavoro sia uno degli idoli che è più difficile da superare. Non è complicato comprendere perché. Come tante forme di schiavismo il lavoro è agganciato al denaro, il quale crea una dipendenza fisica e psicologica. Il possesso del denaro esprime lo status di una persona, che in una società come la nostra è l'ulteriore schiavitù che affligge il genere umano. Chiaramente, per alimentare lo status si ha necessità di denaro e, a meno che uno non decida di mettersi a rubare, il modo più ovvio per procurarsi denaro è quello di ottenerlo con il lavoro. Si accetta, quindi, una schiavitù (il lavoro) per alimentarne un'altra (lo status). A mantenere fortemente radicata la convinzione che il lavoro sia utile (ma riflettiamo, a chi?) sono anche quelle agenzie come la scuola, i media e lo Stato che costantemente ripetono che senza lavoro non si può vivere, che il lavoro nobilita l'uomo. Se le costituzioni degli Stati arrivano a inserire al loro interno la dicitura "Repubblica fondata sul lavoro...", si capisce in maniera evidente quanto la propaganda possa aver scavato, attraverso i decenni, per far credere questa falsità. Uno Stato che si fonda sul lavoro è uno che si fonda sulla schiavitù.

2

Che il lavoro sia una schiavitù lo si può capire meglio volgendo lo sguardo allo sviluppo della persona, dall'età infantile a quella adulta. Quello che colpisce è l'assoluta discrepanza, ovvero assenza di armonia, nello sviluppo dell'essere umano, da quando nasce alla sua fine. Chiediamoci, che cosa caratterizza il bambino nel momento in cui inizia a fare esperienza del mondo circostante? Il gioco. Il bambino gioca, ma non lo fa in un senso che intende l'adulto, come cioè una sorta di perdita di tempo (il tempo, altro elemento fondamentale espropriato dal lavoro, si vedrà in seguito perché e come). Il bambino gioca perché il gioco è il suo modo di scoprire il mondo e di interagire con esso. Nel gioco l'infante esperisce l'attività spogliata da ogni forma di manipolazione e costrizione. L'unico limite che esiste nel gioco è quello dello spazio, del tempo e degli oggetti all'interno del primo e del secondo. Tuttavia, non sono limiti vissuti come negativi, perché il bambino vive il momento, non programma l'esistenza in base a un calendario o a delle scadenze. Il tempo del bambino che gioca è quello che vive nel momento in cui esplica la sua attività ludica, senza imposizioni. In questo senso il tempo è completamente suo, è un tempo vissuto che imprime nell'esistenza l'esperienza e, viceversa, nell'esistenza l'esperienza. Nell'età infantile si gioca non soltanto perché, a detta di molti, non si può fare altro, ma perché il gioco rappresenta l'attività creativa che aiuta il cervello nello sviluppo. Uno sviluppo che però poi viene bruscamente bloccato dalla schiavitù della vita adulta, quando il lavoro, in senso concettuale e pratico, si impossessa dell'anima e del corpo del bambino. Si smette di giocare, si abbandona la creatività e si diventa schiavi del dover fare per l'utile (ancora, di chi?), si entra nel tunnel delle schiavitù che, come un gioco di scatole si contengono l'una all'interno dell'altra. Si dirà, ma a un certo punto della vita si smette di essere bambini, non si può giocare per sempre. Errore! Questo modo di pensare deriva da una visione profondamente distorta della vita. Se si pensa che l'età infantile sia un'età adulta mancata, è ovvio che non si può che catalogare l'attività ludica come una perdita di tempo, come un qualcosa di inferiore rispetto alle attività che competono alla vita di un adulto. Eppure, si rifletta su questo, il bambino è libero, o comunque è molto più libero di un adulto. La visione progressiva dello sviluppo, da un punto di partenza a uno di arrivo, in cui la partenza è il grado zero e l'arrivo è il grado più alto, già testimonia di quanto limitata sia la libertà dell'adulto. Il bambino è libero perché gioca, e lo fa non per riempire momenti di frustrazione all'interno del tempo schiavizzato dal lavoro (questa è la vita dell'adulto), ma per un'autentica espressione di creatività, come manifestazione della sua esistenza. Il monito che l'adulto lancia al bambino, ovvero "quando crescerai capirai…" andrebbe ribaltato. Adulto, quando tu imparerai a ritornare bambino, solo allora capirai quanto limitata è la tua esistenza e essenza e quanta poca libertà contraddistingue la tua vita. L'adulto però è troppo impegnato a lavorare (o a superare la sua disoccupazione) per dare ascolto a queste parole. Egli crede di poter ritornare al gioco attraverso gli oggetti o le esperienze che il denaro gli permette. Non sono però che maldestri e infruttuosi tentativi di ritrovare una condizione ormai perduta. Nessun gioco potrà mai soddisfare l'adulto se questo non è fatto spontaneamente, se cioè non è scaturito dalla libera volontà, dal sincero interesse verso un'attività o un oggetto. Nessun gioco acquistato attraverso il denaro derivante dalla schiavitù lavorativa potrà mai rimpiazzare il gioco come libera attività nata senza costrizioni e imposizioni. La sola attività ludica che possa davvero garantire la libertà per l'essere umano è quella che opera in totale assenza di schiavitù data dal lavoro. A questo punto vale la pena rispondere a un'altra obiezione: all'adulto certamente non interessano i giochi dei bambini. Questa obiezione permette di spiegare un fatto: non è il gioco tal quale quello che è importante ma la base attraverso la quale esso si manifesta e si attua. Un adulto potrà certo avere altri interessi ludici ma è importante che questi siano espressione di una scelta libera interiore e non di una costrizione esteriore determinata dalla schiavitù. Per questo motivo, quello che oggi viene chiamato lavoro andrebbe abolito e sostituito con il termine di gioco. Il gioco è un'attività che l'essere umano fa liberamente e che risponde al suo talento e al suo piacere di fare senza la coercizione imposta dal lavoro. L'attività lavorativa espropria l'individuo della sua essenza, tanto materiale quanto immateriale, lo aliena e lo aggancia alla dipendenza dal denaro che vede come unico strumento per poter avere e fare quello che gli interessa, o per cui pensa di provare interesse. La società del lavoro è quella degli interessi e dei desideri indotti: non piace ciò che è davvero in consonanza con la propria essenza e natura ma ciò che altri hanno deciso che alle persone debba piacere e interessare. Questo processo non fa che allargare ancora di più l'abisso che divide l'essere umano dalla propria libertà. Il lavoro, cioè la schiavitù indotta da esso, non solo aliena la persona dalla sua essenza ma la trasforma in una macchina che crede falsamente di funzionare autonomamente, quando in realtà non è che determinata in ogni sua scelta, in ogni suo passo. Il lavoro cancella il libero arbitrio, almeno fino al punto in cui non si prende consapevolezza che dal lavoro bisogna emanciparsi. Rigettare il lavoro, e ogni sua forma di schiavitù connessa, porta a un recupero della dimensione ludica dell'esistenza in cui l'agire e il fare sono l'espressione di una vera e propria libertà. Va abbandonata l'idea di uno sviluppo dell'essere umano che sia un progresso da punto a punto, scandito da tappe obbligatorie e da un abito necessario che è impossibile non indossare. Questa idea nasconde il vero obiettivo che è quello di controllare, manipolare e sfruttare l'essere umano al servizio di qualcuno o qualcosa. Egli non può che essere invece al servizio della sua libertà, nel rispetto delle libertà altrui e nella condivisione del gioco come momento di crescita sociale, culturale e personale. Il lavoro è un feticcio che uccide lo sviluppo dell'essere umano, è una limitazione alla libertà delle persone, è un ostacolo alla piena consapevolezza delle proprie possibilità. Il lavoro genera mostri, il gioco, al contrario, riconnette l'individuo alla sua origine che è quella di un essere libero nella sua piena essenza.

3

Può avere ancora senso, oggi, parlare di schiavitù del lavoro quando nel mondo vi sono sempre più disoccupati, soprattutto a causa della tecnologia che sostituisce l'uomo in svariate attività? Per rispondere a questa domanda bisogna riallacciarsi a quanto già detto: la disoccupazione non è che un'altra forma di schiavitù. Perché l'essere umano, licenziato o licenziandosi, non sfugge al meccanismo perverso del lavoro. Egli viene soltanto messo, temporaneamente, fuori gioco, ma inpiegherà molto del suo tempo per trovare un altro impiego che lo faccia rientrare nel meccanismo schiavistico del lavoro. Un'altra risposta alla domanda, e che contribuisce anche a chiarire la questione, è che, oggi, si lavora molto di più e male. Chi lavora, o quei pochi che, ironia della sorte, si dichiarano fortunati a avere un lavoro, lo fa in maniera disumana. Oggi si richiede a chi lavora di lavorare molto di più per salari ancora più bassi, con la costante minaccia di essere collocati nel grande esercito dei disoccupati. L'essere umano si trova così costretto a accettare condizioni di lavoro che lo rendono ancora più schiavo di quanto il lavoro non sia in essenza. Qui non si fa solo riferimento ai Paesi del Terzo o Quarto mondo dove le condizioni di schiavismo indotte dal lavoro sono ben note, ma anche al mondo occidentale, quello definito da molti "il migliore dei mondi possibili", dove la schiavitù non è meno repressiva e alienante di quella che colpisce le persone in Paesi esotici e lontani. L'essenza del lavoro, specialmente nella sua variante contemporanea, è il ricatto: o si accettano le condizioni imposte da chi detta le regole, ovvero chi offre il lavoro, oppure si è messi fuori. Si comprende facilmente che, con un esercito sempre pronto a rimpiazzare chi non accetta le regole imposte e si pone ai margini del sistema, è facile trovare chi è disposto a lavorare per sempre meno soldi e diritti. Un gioco al ribasso che ha portato sul lastrico milioni di persone negli ultimi anni e che ha provocato, e provoca, danni incalcolabili dal punto di vista sociale, della salute e demografico ai popoli del mondo. Con soddisfazione si può notare che esiste, se la statistica non inganna, una controtendenza recente: soprattutto i più giovani sono restii a accettare condizioni di lavoro disumane, ricattatorie e schiavistiche. Per questa ragione si parla spesso di datori di lavoro che non trovano lavoratori e che, dall'altra parte, sempre più giovani rinunciano a cercare un lavoro. Certo, molto probabilmente la loro è una reazione legata a una sfiducia in questo mondo del lavoro, al modo in cui il lavoro è concepito nella società odierna e non data da un netto rifiuto del lavoro come schiavismo. Tuttavia, è un dato che non si può non tenere conto. Vi è, in sostanza, un rifiuto, è questo è già un passo in avanti verso una possibile consapevolezza che porti a rivedere i presupposti dell'esistenza, finalmente libera dal lavoro e libera di esprimersi secondo la sua intima volontà e possibilità. Il rifiuto dei giovani, che ovviamente il Potere non si attarda a chiamare "fannulloni" e "scansafatiche", a non cercare un lavoro, potrebbe rivelare invece un'intelligenza, se non altro in potenza. Il giovane si rende ora conto che non vuole essere un ingranaggio del sistema che lo schiavizza, non trova, detto altrimenti, conveniente che si barattino la propria esistenza e libertà con le condizioni di schiavitù imposta. E, cosa interessante, per molti non è solo una questione di soldi. Nemmeno un salario apparentemente attraente viene reputato un elemento a favore di un'offerta lavorativa che però, soprattutto a medio e lungo termine, si rivela portatrice di una condizione totalmente alienante. Il che vuol dire, detto in pratica, che il lavoro tende in ogni modo, e qualunque esso sia, a spossessare l'uomo della sua essenza e della sua libertà. Non si può che sperare che il numero di queste persone, giovani e meno giovani, cresca nel tempo. L'abolizione del lavoro passa attraverso la consapevolezza ma anche attraverso la sottrazione del materiale umano che permette a coloro che vogliono lo schiavismo di mantenerlo ben funzionante a tutti livelli della società. Quando non vi sarà più nessuno da schiavizzare, allora coloro che si saranno allontanati dal meccanismo perverso del lavoro potranno vivere una vita in accordo e risonanza con il proprio essere e la propria natura. E quelli che per secoli hanno utilizzato il lavoro per la loro personale utilità, schiavizzando gli altri, non potranno che scomparire. Non è detto che questo accada presto e nemmeno che tutte le ingiustizie del mondo vengano cancellate, ma certamente si farebbe un grande passo in avanti nel momento in cui il lavoro dovesse essere abolito e le persone possano riacquisire la vera libertà di essere, di fare e di agire, senza che imposizioni esterne, senza che istituzioni pubbliche e private, debbano indicargli cosa fare, come e quando farlo. In un mondo libero il talento e la creatività degli esseri umani sarebbero liberi di esprimersi e, di conseguenza, sarebbero questi elementi necessari a far funzionare la società. Oggi il lavoro è ricatto istituzionalizzato. Vi sono casi estremi in cui chi lavora non solo non è pagato, o mal pagato, ma deve lui pagare per lavorare. Si confida nel fatto che chi legge queste righe sia a conoscenza di distorsioni del genere, visto che non sono poi così rare nel mondo di oggi. Ebbene, si è arrivati a dover pagare per rimanere schiavi, per poter ottenere una piccola somma di denaro che non serve a altro che alimentare altre forme di schiavitù. Si comprende benissimo che il denaro, in una certa misura serve, non vi è la pretesa di affermare che si viva in un altro, idealizzato, pianeta. Sia detto però per inciso che, per quanto strano possa sembrare, sono esistite anche società in cui il denaro non esisteva e non vi sono testimonianze sul fatto che in quelle società la vita fosse una miseria, anzi. Forse vi sono elementi per determinare il fatto che, in molti casi, la convivenza sociale fosse di gran lunga migliore di quella di oggi. Tuttavia, non è questo l'oggetto di argomentazione, qui si vuole riaffermare il fatto che si può ben vivere con meno denaro di quanto all'individuo contemporaneo venga fatto credere di dover (o venga costretto a) possedere. La società dei desideri indotti non può non generare un essere umano che ha costantemente bisogno di soddisfare quei desideri, i quali costano tanto. E per soddisfarli è necessario procurarsi denaro, in che modo? Lavorando. Non importa quale tipo di lavoro, sia esso accettato socialmente o meno. L'essenziale è che si abbia sempre più denaro, anche perché lo stigma del perdente è sempre pronto a spuntare fuori per chi non guadagna abbastanza e non ha un lavoro socialmente prestigioso e ben retribuito. Tutto questo con grande soddisfazione di chi ha come obiettivo il mantenere vivo il feticcio idolatrico del lavoro, ovvero lo schiavismo che impedisce alle persone di essere veramente libere.

4

Di lavoro si muore. In anni recenti, all'interno dell'Unione europea, si è arrivati a quasi 1.500 infortuni sul lavoro ogni 100mila lavoratori. In Italia vi sono 3 infortuni fatali ogni 100mila occupati, ben oltre la media europea che è di 2,1. A qualcuno potrebbe venire in mente che non si tratti di decessi a causa del lavoro ma per mancanza di sicurezza sul lavoro. Bene, ma se le persone smettessero di lavorare non vi sarebbe da discutere dell'eterno problema della sicurezza sul lavoro e nemmeno delle possibili morti causate da una schiavitù, quella appunto del lavoro. Gli infortuni sul lavoro sono però gli eventi che maggiormente finiscono sulle prime pagine dei giornali e dei siti di informazione. Poco o nulla invece si parla di patologie, infortuni e decessi causati indirettamente dal lavoro. Non è un mistero che nella società del lavoro imposto le persone spendano sempre più per psicofarmaci quali, tanto per citarne una categoria, gli antidepressivi. Oggi sembra esserci una pillola magica per tutto, purché serva a far credere che la colpa dell'alienazione non sia della schiavitù da lavoro.

Eppure la società altamente competitiva, alimentata dal culto del lavoro, pone l'essere umano in una condizione di costante ansia, stress, insoddisfazione e frustrazione che, partendo proprio dal lavoro, si estende a tutte le sfere della vita. I danni causati dal lavoro si manifestano a livello psicofisico e in tal senso è impossibile dividere il corpo dalla mente. L'affaticamento mentale, lo stress psicologico e l'ansia interiore hanno pesanti conseguenze anche a livello delle funzioni fisiche. Al netto di tutto questo le persone sono poi anche costrette a pagare, con il poco denaro guadagnato dalla condizione schiavistica, per i medicinali e le cure necessarie per ristabilirsi. Il ritorno in salute, semmai si può parlare di ritorno in salute, significa il rientro nei meccanismi del lavoro, per ripetere, fino alla consunzione psicofisica, lo stesso processo. Si comprende perfettamente che l'abolizione del lavoro non significa la totale scomparsa delle patologie psicofisiche, ma certamente in una società senza lavoro, ovvero in una società senza la schiavitù del lavoro, tante malattie avrebbero un'incidenza molto minore, tanti infortuni e decessi sul lavoro sarebbero evitati. Non è il singolo problema legato al lavoro (la sicurezza) che genera l'infortunio, ma è il concetto stesso di lavoro, che è alla base della vita dell'essere umano, che causa danni permanenti, solo raramente reversibili. Chi si trova a leggere queste pagine si può rendere conto di quanto oggi si parli diffusamente di mobbing, ossia di una serie di comportamenti aggressivi e persecutori posti in essere proprio nel mondo del lavoro. Non c'è da stupirsi: in un mondo che è fondato sullo schiavismo e sullo sfruttamento non possono che nascere queste forme di devianza. Il mobbing è l'estrema propaggine della perversità del lavoro. Vero, sono le persone con i loro comportamenti a far sì che il mobbing possa esistere, ma credere che questo sia solo responsabilità di chi lo mette in pratica è un errore clamoroso. Il mobbing esiste perché esiste il lavoro, perché si alimenta della mentalità del sopruso che è direttamente connessa al lavoro. Il lavoro è già per essenza dominio e sfruttamento, il mobbing non fa che amplificare tutto questo. Sanza dubbio è singolare che la quasi ossessiva attenzione per il mobbing sul posto di lavoro non corrisponda a una profonda riflessione sul concetto e sulla pratica del lavoro. Si affronta il tema della violenza e dell'aggressività nel mondo del lavoro, con analisi talvolta molto raffinate, senza però fare l'ultimo passo, il più importante, quello che permetterebbe di arrivare a comprendere che è il lavoro stesso a essere violenza, sopruso e coercizione. Oggi si parla di mobbing, domani sarà qualcosa d'altro e dopodomani si paventeranno scenari catastrofici, ma l'essenza del problema rimarrà intaccata, non affrontata. Conviene però soffermarsi ancora un attimo sul mobbing, perché permette di capire perché il lavoro è sopruso. Il posto di lavoro è un luogo occupato per la gran parte da frustrati, i quali non avendo altra aspirazione nella vita, o avendone comunque poche, scaricano sul posto di lavoro tutte le loro frustrazioni e utilizzano l'ambiente lavorativo per dimostrare in qualche modo a se stessi di esistere. L'attività attraverso la quale mettono in atto questi meccanismi è il dominio. I rapporti lavorativi sono una fitta rete di relazioni di micro e macro dominio tra le persone. La solidarietà, che pure viene esaltata come il collante principale del mondo del lavoro, non ha nessuno spazio. Quello che conta, nel mondo della schiavitù del lavoro, è il dominio perverso degli uni sugli altri. Basta che un individuo abbia un minimo di potere e subito si mette a esercitarlo in maniera manipolatoria e sfruttatrice su chi ha la sfortuna di trovarsi nel ruolo di sottoposto. Chi è sotto però potrebbe essere al di sopra di altri e, quindi, mettere in atto a sua volta gli stessi comportamenti che chi è sopra di lui utilizza contro di lui. In questo modo negli ambienti lavorativi si forma quel reticolo tossico di relazioni di dominio. Domanda: tutto questo meccanismo perverso servirebbe almeno a migliorare la qualità e la quantità del lavoro in un dato ambiente? Assolutamente no! Anzi, ben lungi dal soddisfare la produttività, antica e nuova ossessione degli imprenditori, l'ambiente degenerato del lavoro non può che produrre patologie, assenza di qualità e quantità produttiva, frustrazione continua degli elementi all'interno dell'ambiente che vivono in costante conflitto tra di loro. Non si vuole dare tutto facilmente per scontato, ma si può essere certi che tra i lettori di queste pagine vi siano molte persone che, direttamente o indirettamente, hanno vissuto, o vivono, situazioni lavorative come quelle appena descritte. Continuare a esaltare, come fanno alcuni, il mondo del lavoro come eterno orizzonte entro il quale realizzare l'integrità della persona umana è una follia. Questa integrità è sì destinata a rimanere insoddisfatta e frustrata. Il lavoro, soprattutto nel modo in cui è concepito oggi, è impossibile da salvare, da riformare o da rifondare. Il lavoro va abolito, se si vuole che l'essere umano torni a essere un soggetto in grado di esprimere liberamente la propria essenza e libertà. Libertà vuol dire anche salute, senza di essa l'uomo non è libero, non è infatti in grado di esercitare pienamente la propria volontà. Il lavoro è un furto ai danni della salute dell'individuo. Tanto chi crede di comandare, perché magari ha qualche carica fasulla da sfoggiare, tanto chi deve subire i ricatti e le paranoie di chi possiede quella carica, sono entrambi malati. A entrambi il lavoro ha espropriato la salute e la libertà, esso ha tolto la capacità di pensare liberamente. Vivono all'interno di una gabbia in cui tutte le azioni non conducono a altro che all'autocreazione di quella gabbia.

5

Tra i beni più preziosi espropriati all'essere umano di oggi vi è il tempo. Il furto di questo elemento fondamentale della vita umana lo commette proprio il lavoro. Basta semplicemente fare appello al buonsenso di chi legge e chiedere, quante ore impiega un'individio per recarsi a lavoro? Quante centinaia di migliaia di persone, all'andata e al ritorno, buttano via le ore migliori della loro vita per raggiungere il posto di lavoro e, una volta terminata la giornata, rientrare nelle proprie abitazioni. Ebbene, le persone sprecano anni all'interno delle auto incolonnate lungo le tangenziali e le autostrade, oppure nelle carrozze dei treni o negli angusti spazi degli autobus. Per che cosa? Per andare nel luogo che li rende schiavi, per offrire la propria vita, le proprie energie e, appunto il loro tempo, per la forma più subdola di schiavismo che sia mai esistita. Il problema (in questo caso lo è) degli esseri umani è che si adattano più o meno facilmente alle situazioni, rimuovendo qualunque riflessione sulla propria sfortunata condizione. Nessuno che si fermi a pensare a quanto tempo il lavoro toglie alla libera vita della gente, quanti preziosi momenti che potrebbero contribuire alla crescita personale, oppure, per chi lo desidera, anche all'ozio, sono invece sottratti alla vita per essere regalati alla schiavitù del lavoro. La rappresentazione plastica dell'alienazione umana è nelle interminabili file di automobilisti che, come un perfetto congegno meccanico, riempiono le strade delle città sempre più invivibili, tutti i giorni, ormai a tutte le ore, ripetendo sempre lo stesso copione, senza soluzione di continuità. Al di là degli evidenti danni alla salute (su questo si invita a leggere il capitolo precedente), non vi è dubbio che il furto istituzionalizzato del tempo serve a mantenere gli esseri umani in una condizione di perenne dipendenza dal poco tempo a disposizione. Si opera così un ribaltamento: il tempo, che dovrebbe essere, insieme allo spazio, il momento in cui si esprime la creatività ludica dell'individuo si trasforma in una dipendenza, in un bene da elemosinare e che viene concesso sotto forma di ricatto da parte di chi detiene il potere di offrire o togliere il lavoro. Il tempo, concepito in questo modo, è un semplice oggetto tra gli altri che occupa un preciso spazio all'interno della vita umana. Il tempo è spesso associato alle ferie, ovvero a quel falso momento di pausa, apparente e momentaneo distacco dalla schiavitù del lavoro, in cui le persone dovrebbero riposare e distrarsi per poi tornare a far parte della schiavitù del quotidiano lavorativo. Le ferie sono l'oggetto attraverso il quale il lavoro illude e mantiene sotto controllo gli individui. In altre parole, un periodo, sempre troppo breve, in cui il lavoratore è costretto ovviamente anche a pagare per poter fuggire dal sistema, anche solo per qualche giorno. Ed è proprio su questa illusione, quella appunto di poter fuggire dal lavoro, che si basa il potere della schiavitù. In realtà la falsa pausa non serve a altro che a rinforzare la necessità per l'uomo di dover essere una pedina del meccanismo-lavoro e che egli non può essere altro. Il processo andrebbe ribaltato: il tempo dovrebbe essere riacquisito all'interno della libertà umana, come elemento frutto di una scelta libera e consapevole. Oggi il tempo libero, chiamato in questo modo in una sorta di ironica presa in giro, non è affatto libero. Se una persona è libera davvero non ha bisogno del tempo libero, ha invece bisogno del tempo, inserito all'interno della libertà costante del proprio essere, inteso in senso di corpo e mente. Oggi l'uomo è costretto a elemosinare il tempo (libero), che di fatto non è mai abbastanza perché l'oppressione schiavistica del lavoro opera in senso globale nel catalizzare in modo negativo la sua vita. Nelle grandi multinazionali, l'emblema dello schiavismo del lavoro assoluto, si arriva al paradosso (anche qui di nuovo ironico) in cui al lavoratore-schiavo viene indicato come passare il proprio tempo libero. Vengono infatti elargiti tutta una serie di regali, o presunti tali, che permettono alla persona di godere del tempo libero, spesso in maniera gratuita. Ma non vi è nulla di gratuito! In questa falsa elemosina si nasconde la volontà di controllare in maniera capillare l'esistenza degli esseri umani, già profondamente minata dalla presenza del lavoro: a questo infatti si aggiunge il controllo post-lavoro, in cui alle persone non è concesso di sganciarsi dalla preordinata ritualità. Il Potere, attraverso il lavoro, vuole l'energia, il pensiero, il corpo, in sostanza la vita degli esseri umani. Il tutto fatto passare per una scelta libera e indipendente. Non vi è nulla di libero nel lavoro ma solo schiavitù che va ben oltre la singola attività lavorativa. Il lavoro è schiavitù globale e l'espropriazione del tempo ne è una delle dimostrazioni. Va ribaltato l'assunto: il tempo non può essere oggetto concesso come regalo-ricatto per continuare a far accettare la condizione di schiavi. Il tempo va rivendicato come spazio cronologico di libertà. La libertà è tornare a disporre del proprio tempo nel modo in cui si ritiene opportuno, in assonanza con la propria natura e la propria essenza. Ciò rappresenta esattamente l'opposto di quello che è oggi il tempo: una casella all'interno del perverso meccanismo di controllo dello schiavismo lavorativo. D'altronde solo chi è accecato dal feticcio idolatrico del lavoro, tanto che lo subisca quanto che lo utilizzi per sfruttare, oppure chi è impossibilitato, per via della manipolazione, a rendersi conto della realtà, non comprende che il lavoro è schiavitù. Una parte dell'umanità ha ben capito che il tempo è tra i beni più preziosi e per questo motivo può permettersi di disporne a piacimento. Questi soggetti sono spesso messi nella condizione di disporre di tanto tempo perché lo comprano. Detto altrimenti, sono ricchi e benestanti, oppure fanno finti lavori, però ben pagati, che permettono di poter disporre di tempo. La loro è una parziale libertà. Perché, se è vero che possono avere molto più tempo di chi è costretto a sottostare agli innumerevoli ricatti del lavoro, non sono ancora totalmente liberi dal lavoro. Questi sono schiavi del denaro che permette appunto di acquisire tempo e, consapevoli o meno della loro piccola fortuna, non si adoperano per fare in modo che la liberazione dal lavoro, seppur parziale, sia per tutti. Anzi, tra queste persone vi sono tra i più accaniti difensori del lavoro, ovviamente del lavoro altrui, quello che loro si guardano bene dal fare. Gli apologeti del lavoro schiavistico vogliono che il lavoro rimanga, per gli altri certamente, perché sanno che il lavoro è manipolazione, dominio e schiavitù e questo rende possibile il mantenimento delle loro rendite di posizione. L'acquisizione di privilegi da parte di alcuni porta spesso a odiare chi quei privilegi potrebbe averli, o sarebbe giusto che li avesse, ma che, a causa del sistema, non li può e non li potrà mai avere. Se liberazione deve essere che sia per tutti e che sia totale. La libertà non si può, e non si deve comprare, la libertà deve essere parte integrante dell'essere umano, una componente essenziale del proprio essere. Chi dispone del tempo, perché lo compra, non può che concepire la società come un cumulo di oggetti da acquistare e vendere. Un tale modo di pensare non può che generare uomini che diffondono ideologie fondate su schiavitù e sopruso. Apparentemente smarcati dal lavoro, loro infatti comprano il tempo, sono in realtà persone che lavorano (appunto, lavorano!) per mantenere viva l'idea che il lavoro sia una componente essenziale della vita umana. Sono schiavi del loro tempo libero profumatamente comprato. Il tempo invece è elemento costitutivo del mondo integrale dell'uomo e come tale non può avere prezzo. L'uomo deve poter disporre del tempo in maniera spontanea e creativa, senza questo presupposto è impossibile parlare tanto di libertà quanto di sviluppo armonioso e completo della personalità umana. Il tempo deve cessare di essere privilegio per pochi, o per nessuno, e tornare a essere espressione della libertà dell'uomo. Come impiegare il rempo recuperato allo schiavismo del lavoro è affare che concerne la libera volontà delle persone. Resta comunque il fatto che, soprattutto oggi, anche chi vorrebbe utilizzare il tempo per un percorso di crescita personale, per esempio culturale, ha molte difficoltà a farlo. Quindi, prima di affrontare eventualmente il tema di come le persone potrebbero fare uso del tempo, sarebbe opportuno innanzitutto garantire che il tempo torni a essere parte della piena vita dell'umanità. Queste pagine, conviene sottolinearlo, non vogliono però essere una trattazione morale su come sia più giusto utilizzare il tempo una volta che questo torni a essere parte essenziale per l'uomo e nell'uomo. Non si ha tanta presunzione da voler ulteriormente indicare la strada da percorrere, anche perché si cadrebbe nell'errore di chi già ora utilizza lo schiavismo per controllare le esistenze umane. Non si deve, quindi, indicare cosa sia giusto o sbagliato fare. Che si lascino libere le persone di decidere come impiegare il tempo, senza stabilire gerarchie di attività. Quello che è fondamentale è invece che il lavoro venga abolito, solo in questo modo il tempo può essere riconquistato alla vita e non, come accade ora, in cui la vita è sottratta al tempo attraverso la schiavitù del lavoro. La libertà di disporre del tempo contribuisce a fare gli individui, nel bene quanto nel male. Oggi però la mancanza di tempo genera mostri, menti malate, anime penose, cervelli frustrati e dinamiche tossiche. Per chi tira le fila di questo sistema l'interesse è quello di allargare la schiavitù il più possibile per sottrarre sempre più tempo agli esseri umani. Il ricatto del lavoro è uno degli strumenti essenziali e solo la consapevolezza di questo meccanismo perverso può aiutare le persone a costruire un pensiero e un modo di agire diversi. Eppure, lo si nota in innumerevoli occasioni, sono proprio coloro che non lavorano, o lavorano poco, i difensori più accaniti del sistema schiavistico del lavoro.

6

Il lavoro come sistema schiavistico e come feticcio quasi religioso necessita delle sue vestali. Un tale ruolo viene rivestito dagli intellettuali. Chi è un intellettuale? Diceva qualcuno che si tratta di "un soggetto dominato della classe dominante". Qui basta dire che è qualcuno che paga per il proprio tempo e viene pagato per abbindolare le masse sulla necessità del lavoro. Che si tratti di intellettuali di sinistra o di destra poco cambia: il lavoro sarà costantemente difeso e esaltato. L'obiettivo è chiaro: riformare per aumentare i posti di lavoro, abbassare la disoccupazione, adesso si sono anche inventati l'idea del reddito di cittadinanza. Insomma, un armamentario propagandistico per far credere agli schiavizzati che il lavoro è importante e senza di esso la politica, la cultura, la vita è nulla. Tuttavia, a ben guardare, gli intellettuali di lavoro non comprendono nulla, perché, di fatto, o non lavorano o lavorano molto poco. La loro condizione di megafoni del Potere gli permette una vita apparentemente sganciata dal dominio del lavoro schiavistico, ma pur sempre devota al servizio dell'unico obiettivo, quello cioè di soggiogare gli esseri umani attraverso il lavoro. L'intellettuale, all'interno della cui categoria si possono inserire anche i giornalisti (meglio chiamarli gazzettieri), è fondamentalmente un servo. Per questa ragione non si può pretendere da questo che utilizzi la propria ragione e il senso critico per informare e ingaggiare un discorso articolato con il resto della società. L'intellettuale non serve a altro che a eseguire gli ordini, che in questo caso specifico sono la propaganda a favore della schiavitù del lavoro. Essi sono pronti, attraverso le affinate armi della retorica, a ridicolizzare chiunque la possa pensare diversamente rispetto al pensiero dominante. Per loro l'abolizione del lavoro è una sciocchezza, un'utopia irrealizzabile. La loro posizione di privilegiati la difendono con le unghie e con i denti. Eppure basterebbe far notare a costoro, e a tutti gli altri che pendono dalle loro labbra, che proprio loro sono i primi a non lavorare e anzi, in molti casi sono ben pagati per non farlo. Non lavorano in senso generale, ma ovviamente lo fanno nel particolare. Come bravi vassalli servono i padroni, vendono anima e corpo pur di mantenere quei pochi privilegi che riescono a ottenere. Vogliono che, apparentemente, tutto cambi purché non cambi nulla. Chi nel sistema è ben infeudato e foraggiato difficilmente avrà voglia di ribaltare quella struttura di potere che, in fondo, permette loro di vivere una misera esistenza. L'intellettuale megafono del Potere schiavistico del lavoro è sempre presente nei mezzi di comunicazione, o come elemento organico a essi, oppure come *esperto*, un soggetto che è capace di discutere di tutto non sapendo, di fatto, nulla. La società di oggi è inondata di esperti che discettano su ogni cosa possibile, purché non si capisca nulla. Chi guarda o ascolta non deve capire nulla, questo è il punto importante. Più la comunicazione è camuffata da discorso autorevole e più il sistema schiavistico può mantenere il suo controllo sulle persone. Nel passato, più ancora che oggi, milioni di persone sono state abbindolate dalla propaganda di stuoli di intellettuali, organici ai partiti, i quali hanno fatto credere che la rivoluzione sarebbe stata possibile, che prima o poi sarebbe arrivata. Questi affabulatori sapevano benissimo quello che stavano facendo e, nella gran parte, nemmeno loro credevano alle favole che raccontavano. Ma bisognava far credere che l'emancipazione dei lavoratori era dietro l'angolo. Dunque, passa il tempo, e i lavoratori stanno sempre peggio. La rivoluzione non scoppia, l'emancipazione rimane una chimera e, per gli sfruttatori, uno strumento per schiavizzare i popoli. Non esiste l'emancipazione dei lavoratori, esiste invece l'emancipazione dal lavoro, ovvero dalla schiavitù che imprigiona l'essere umano e lo espropria del suo tempo, delle sue energie crerative e della sua stessa vita. Milioni di persone hanno creduto, e in parte ancora credono, a una colossale mistificazione, cioè che il lavoro può essere riformato e, con questo, migliorare la condizione dei lavoratori. Non sono necessarie analisi accademiche per capire che chi lavora (e chi è disoccupato) oggi sta molto peggio che nel passato. Chi era sfruttato lo è ancora di più oggi. La libertà, che pure era affievolita già in passato, oggi è scomparsa e l'uomo è stato ridotto a una macchina spossessata del proprio corpo, della propria mente e della propria anima. Il pubblico, si chiama in questo modo la massa consumatrice, attraverso l'acquisto delle opere di propagada, rende possibile la vita parassitaria dell'intellettuale, il quale, come l'ultimo uomo di Nietzsche, sa che tutto è finito e quindi ogni cosa è permessa. Loro sono già oltre, benché ancora pienamente schiavi, mentre gli altri non possono e non devono liberarsi e a questo servono le loro fatiche letterarie, a allontanare il più possibile il momento della liberazione. Con la parola mistificano, fanno finta di contrapporsi in fazioni e bande rivali, divisi apparentemente da fossati ideologici ma, in realtà, accumunati dallo stesso scopo, quello di impedire che l'essere umano possa reclamare la sua libertà. L'uomo nelle catene del lavoro è la condizione essenziale alla sopravvivenza dell'intellettuale, egli vive grazie alle sventure altrui. Più persone riesce a portare nella condizione di schiavi e più viene premiato da chi tira le fila del dominio schiavistico. Non basta allontanarsi dai mezzi di comunicazione ormai quasi interamente infestati da questi personaggi ambigui e non basta nemmeno non alimentare il loro ego narcisistico acquistando la loro paccottiglia propagandistica. L'intellettuale può essere neutralizzato solo comprendendo che il lavoro va cancellato. A quel punto non vi sarà più nessuna causa perversa da difendere e l'intellettuale sarà finalmente, anche lui, libero di essere quello che vuole. Egli sarà libero di non lavorare, non come non lavora oggi, schiavo del sistema e pagato/pagante per non farlo, ma davvero libero. Delle sorti dell'intellettuale, una volta abolito il lavoro, importerà a pochi, perché i molti saranno finalmente liberi di vivere senza ideologie manipolatorie, senza feticci politici, senza chi debba indicare cosa fare, dove andare e cosa pensare. Con l'abolizione del lavoro l'intelletto viene dunque recuperato alla libertà creativa, non più soggiogato dal ricatto propagandistico, non più strumento dei servi al servizio dello schiavismo. In una società senza lavoro l'intelletto riacquista la sua libera vocazione alla scoperta e al piacere del pensiero, senza mai dimenticare che ogni scoperta e anche un gioco e di gioco si nutrono il cuore e la mente.

7

Se fai un lavoro terribilmente noisoso, diventerai una persona terribilmente noiosa. A parte una piccola minoranza di gente che può permettersi di fare (e affermare di fare) un lavoro interessante, ossia un mestiere che offra libero sfogo alla creatività e garantisca un certo tempo libero (ma il lavoro non è né creativo né garantisce tempo, lo si è già visto), il resto della massa è schiavizzata in lavori inutili, noiosi e ripetitivi. Non è affatto un caso che uno dei mali del precedente e di questo secolo è la noia, spesso determinata dall'eterna ripetizione dell'identico. Si è pronti a scommettere che se si chiedesse a molti, in particolare ai più giovani, in che cosa di fatto consista il loro lavoro, oppure le loro mansioni quotidiane all'interno del lavoro, questi difficilmente saprebbero rispondere. Non vi è da stupirsi, infatti una delle caratteristiche del lavoro contemporaneo è di essere per la gran parte inutile. Se una persona fosse perfettamente in grado di comprendere quanta inutilità vi è in un'attività lavorativa odierna è molto probabile che avrebbe un sussulto di ribellione, non fosse altro interiore. E invece la peculiarità dello schiavismo è proprio quella di rendere il lavoratore un alienato, un individio che sa che deve portare a termine delle mansioni, non importa quali esse siano e perché debbano esistere. Altra caratteristica di queste attività è di essere sempre le stesse, possono cambiare i luoghi, i loghi colorati delle aziende ma il lavoro rimane sempre e comunque la solita ripetizione quotidiana. Un'eternità che ingabbia, che costringe, che azzera ogni forma di creatività e consapevolezza della propria esistenza in quanto persona. Ripetere, ripetere e ancora ripetere, all'infinito. Nella speranza di una possibile promozione, di un piccolo aumento di stipendio, meccanismi adatti a rendere ancora di più schiavi quelli che hanno sacrificato tempo, energie e vita per avere nulla in cambio, se non ulteriore dipendenza e alienazione. La degenerazione dell'essere umano di oggi si percepisce ancora di più in contrasto con le precedenti. Un tempo, benché il lavoro fosse sempre e comunque una schiavitù, un artigiano poteva essere creatore di un qualcosa che scaturiva dalle proprie mani e, fino a un certo punto, dalla propria creatività, seppur anche quella frutto di una limitante repressione. Oggi il lavoratore, in particolare quello dei servizi, del così chiamato terzo settore, non è in grado di produrre nulla, se non l'eterna ripetizione della noia e dell'inutilità. Si è creato un esercito di impiegati, perché, in fondo, si è tutti impiegati, ciò che cambia è solo la qualifica sui contratti. Gli impiegati, che in tale significato sono la grande maggioranza dei lavoratori, sono la categoria più inutile e colpita dallo schiavismo del lavoro. Si tratta della più vessata e alienata della storia: sempre meno pagata e mai abbastanza sfruttata. Le multinazionali, attraverso il linguaggio manipolatorio, fanno credere di assumere manager ma in realtà non stanno che assoggettando impiegati per mantenere in piedi entità colossali fondate sul nulla e dedite all'arricchimento di pochi. Non si esagera quando si afferma che il proletariato del XXI secolo sono proprio gli impiegati, quelli che un tempo potevano rivendicare, almeno in certi Paesi, un benessere mai raggiunto prima. Oggi l'impiegato è l'ultima ruota del carro, un essere inutile, con un lavoro inutile, noioso e ripetitivo. Un impiego che non serve a nessuno: non a lui, in quanto spesso non si rende nemmeno conto di quello che fa esattamente, nemmeno al datore di lavoro, che i soldi li fa in mille modi diversi e attraverso logiche sconosciute alla massa, nemmeno alla vita, perché si ritrova a non produrre nulla che rimanga a testimonianza della sua creatività. La necessità di evadere è il sintomo di una condizione patologica che è creata da un lavoro che priva l'essere umano di ogni libertà. Per non parlare della volontà, la quale è totalmente azzerata e assoggettata alle volontà di un lavoro di cui non si capisce l'esistenza e l'utilità. Ma l'evasione è una chimera perché, come già visto, essa non è altro che l'ennesima schiavitù, la piccola concessione che viene elargita al bravo e diligente lavoratore. Il denaro da spendere per una piccola e fugace libertà, prima di tornare nuovamente alla quotidiana inutilità del lavoro, all'eterna ripetizione dell'uguale. L'abolizione del lavoro significa la cancellazione della noia e dell'inutilità. L'essere umano non viene messo al mondo per annoiarsi o per essere inutile, egli vuole che la sua libertà possa significare espressione della propria creatività. Solo non lavorando si può riconquistare la libertà perduta e la creatività inespressa. L'abolizione del lavoro non elimina la noia dal mondo ma certo ne restringe grandemente il campo. Oggi la noia e la ripetizione alienata dell'uguale scandiscono la vita degli esseri umani, di uomini e di donne costretti ogni giorno a compiere il rito sacrificale nei confonri del feticcio-lavoro. Sempre meno persone sono disposte a sacrificare la propria anima, la mente e il corpo per soddisfare la perversa sete di manipolazione e controllo che la schiavitù del lavoro rappresenta. Chi detiene le fila di questa prigione, perché il lavoro è una prigione, ha già compreso bene la lezione: infatti loro si guardano bene dal lavorare, rimettendo alle masse l'onere del lavoro, ovvero l'obbligo di essere schiavi. Chi schiavizza non lavora, o fa finta di farlo. Il lavoro è lo strumento attraverso il quale i demiurghi distruggono la libertà degli esseri umani. Solo il recupero della piena vita permette lo sviluppo e l'esercizio della libertà. Ma è sempre più difficile oggi per il lavoratore comprendere di essere inutile, pronto per essere sostituito qualora non accettasse le regole imposte dalla schiavitù. E allora il lavoro diventa, ancora una volta, ricatto. La gente è impossibilitata a ribellarsi, tenuta costantemente sotto ricatto: la schiavitù non si discute, la si può solo vivere, senza farsi troppe domande. Ma il futuro va visto anche in un'ottica positiva: sempre più persone vogliono smettere di lavorare a queste condizioni e, se si pensa questo, è già un preludio per il passo successivo, smettere di lavorare, abbandonare il pensiero del lavoro come necessario alla vita. Il lavoro è la negazione della vita e di tutto quello che la vita comporta nel suo senso più vero e pieno. Per quanto ancora si può accettare di essere schiavi? Per quanto ancora la noia e l'inutilità possono guidare l'esistenza umana? Potrebbe non mancare molto alla presa di coscienza finale, quella che permetterà di far aprire gli occhi e le menti. Il lavoro va abolito e con esso la schiavitù che è la sua essenza e scopo finale. Una società senza lavoro è un mondo di libertà e di completa espressione della volontà, finalmente libera di essere ciò che è in accordo con il sentire dell'uomo.

8

La tecnologia, e nello specifico l'intelligenza artificiale, può accelerare il processo di superamento del lavoro? Per rispondere bisognerebbe capire come si intendono lo sviluppo e la funzione dell'intelligenza artificiale. In senso più ampio bisognerebbe capire se la tecnologia può essere un valido strumento (e alleato) per emancipare l'essere umano dalla schiavitù lavorativa, e non solo, in cui si trova oggi. Per alcuni, anche tra i critici del lavoro (per esempio, Bob Black, *L'abolizione del lavoro*, 1985), la tecnologia, ovvero le macchine che rimpiazzano l'uomo nel lavoro, non apporterebbero una vera liberazione ma solo una ulteriore schiavitù lavorativa. Come a dire, si lavorerebbe anche di più e, forse, oltre che per altri uomini anche per le macchine. Questo pericolo è concreto e, in effetti, oggi chi critica l'intelligenza artificiale lo fa mettendo in evidenza gli aspetti dispotici e distopici dei possibili sviluppi di questa tecnologia. Tuttavia, riprendendo un vecchio detto, conviene buttare il bambino con l'acqua sporca? Che lo sviluppo tecnologico possa essere utilizzato per limitare ancora di più le libertà umane è possibile e non bisogna ignorare il fatto che la tecnologia è già oggi strumento potentissimo di propaganda. Non deve stupire che l'intelligenza artificiale possa essere implementata soprattutto da coloro che hanno disponibilità economiche enormi e che la utilizzino a scopi non proprio filantropici. Tuttavia, lo scetticismo verso la tecnica e la tecnologia non dovrebbe sfociare in un vero e proprio odio. Questo passaggio significherebbe un errore di prospettiva con conseguenze ancora più catastrofiche di quelle paventate dai critici della tecnologia. Odiare in toto l'intelligenza artificiale comporterebbe abbandonarla nelle mani di chi non la vuole usare per migliorare la vita degli esseri umani ma in quelle di chi vuole invece distruggerla. Questo discorso non vale ovviamente solo per l'intelligenza artificiale, che, in un certo senso, è la tecnologia del momento, ma vale per tutte quelle tecniche che implicano un'interazione con e un utilizzo delle macchine, siano esse intelligenti o meno. Se una tecnologia può servire per fare il male essa può certamente servire anche per fare il bene. In questo caso il bene su cui si punta l'attenzione è l'abolizione del lavoro e la riconquista della libertà. Se l'intelligenza artificiale può lavorare al posto dell'essere umano e sgravare questo del peso di un'attività alienante e schiavistica, ben vengano le macchine intelligenti. Certo, una dose di sano realismo non permette di sperare che questa prospettiva positiva nell'utilizzo dell'intelligenza artificiale venga proprio dal Potere che oggi determina la condizione di schiavitù di gran parte dell'umanità. Chi analizza lo sviluppo tecnologico attraverso il prisma degli schiavisti del feticcio-lavoro, non può che giungere alla conclusione che la tecnologia, e in particolare l'intelligenza artificiale, non può che portare ancora più disgrazie all'uomo contemporaneo e a quello del futuro. Per questo è necessario un cambio di paradigma, in primo luogo nella mente: smettere di pensare che la tecnica, che la tecnologia e che il loro sviluppo siano sempre e comunque qualcosa di negativo. Con una tazza si può gustare un'ottima bevanda e, allo stesso tempo, si può colpire qualcuno in testa e provocargli un danno. Allo stesso modo la tecnologia non può essere a priori rifiutata, con la conseguenza, tra le altre, che finisca tutta controllata da coloro che ne vogliono fare lo strumento principale per continuare a schiavizzare le persone. In tal senso si potrebbe immaginare un futuro in cui l'individio sarebbe costretto a lavorare con e per le macchine, in una condizione molto più miserevole di quella che già si trova a vivere oggi. Vi sono persone che ritengono di poter tornare a uno stato di natura primordiale e che solo allora si possa realizzare la vera abolizione del lavoro. Questa concezione primitivista della vita individuale e in comunità, al di là di possibili applicazioni in senso strettamente localista, non può trovare una collocazione di ampio respiro perché, in qualche modo, la tecnologia avvolge continuamente la vita umana. Non solo, ma essa sembra evolvere indipendentemente dai sistemi di pensiero umani. Per cui, si può ben suggerire che l'abolizione del lavoro debba andare di pari passo con un ritorno allo stadio primitivo, una sorta di stato di natura pre-tecnologico, ma la realtà è che la tecnologia si muove a una velocità che difficilmente il pensiero umano riesce a collocare all'interno dei suoi sistemi filosofici e politici.

Nonostante lo sviluppo tecnologico sia, in tutto o in parte, anche il prodotto del pensare umano, esso viaggia su binari che sembrano non prestarsi a brusche frenate o, addirittura, a inversioni di tendenza. Chiaramente, si può sempre ipotizzare che un meteorite colpisca la terra oppure che scoppi una guerra nucleare e allora si torni a uno stadio pre-tecnologico. Tuttavia, spesso chi propone il primitivismo è anche, ideologicamente, contro la guerra e non penso agganci le proprie speranze a un possibile impatto di un meteorite con il pianeta terra. Il rapporto tra tecnica, tecnologia, sviluppo tecnologico e azione politica è un problema filosofico. Chi rifiuta la modernità e la vede come punto d'arrivo di tutte le degenerazioni umane include anche la tecnica e la tecnologia tra queste degenerazioni. Accettare lo sviluppo tecnologico come positivo significherebbe entrare in contrasto con quella che è una visione tradizionale della vita, dove per tradizione si intende tutta quella serie di valori che avrebbero reso il mondo migliore prima della decadenza. Vi è in questo approccio una polarizzazione tra un'età dell'oro in cui il mondo e la società non erano intaccate dalla tecnologia e un dopo, quando la tecnologia ha fatto irruzione e ha portato allo sgretolarsi di tutti i valori precedenti. Questa visione manichea, seppure non totalmente priva di fondamento, ha però lasciato il controllo dello sviluppo tecnologico nelle mani di chi concepisce la tecnica e la tecnologia come strumenti di controllo e di dominio. Ecco perché, ancora oggi, la tecnologia, e l'intelligenza artificiale, sono utilizzate non per liberare l'uomo dal lavoro ma per legarlo a esso ancora di più, cioè renderlo ancora più schiavo. Per comprendere meglio questo passaggio si pensi a questa situazione: se una persona lavora da casa in smart working (o lavoro a distanza), questa potrebbe aver ottenuto un vantaggio poiché non deve recarsi sul posto di lavoro ogni giorno, con tutte le conseguenze negative di cui si è già parlato (perdita di tempo nel traffico, perdita di energie, stress ecc.). Quindi, la tecnologia ha apportato certamente un vantaggio. Tuttavia, questo vantaggio non è ancora la liberazione dal lavoro, si tratta semplicemente di un lavoro declinato in un modo apparentemente diverso. Si può affermare che si tratti di una schiavitù più leggera ma sempre di schiavitù si tratta. Perché? Perché la tecnologia è in mano a chi vuole dominare il mondo attraverso lo schiavismo del lavoro. In questa ottica lo sviluppo della tecnologia non serve per superare il lavoro ma per riadattarlo in modo tale che la schiavitù possa continuare. Certo, con il lavoro a distanza e lo smart working si fanno delle concessioni all'essere umano che, considerando le condizioni precedenti, non può che accoglierle in senso positivo. Ma la tecnologia va utilizzata per rendere gli uomini liberi e non schiavi. Fino a quando la tecnica e la tecnologia saranno demonizzate e respinte in blocco, queste rimarranno nelle mani di chi impone la schiavitù del lavoro. Per questo si ritiene necessario: 1) che cambi il modo di concepire la tecnologia e la tecnica: non più nemiche ma semplicemente strumenti che possono essere utilizzati per liberare l'umanità dalle catene del lavoro; 2) che la tecnica e la tecnologia non vengano lasciate, nella pratica e nella teoria, sotto il controllo di coloro che non desiderano altro che mantenere gli esseri umani in catene; 3) una volta che la tecnica e la tecnologia vengano sottratte ai promotori dello schiavismo, bisogna volgerle completamente verso l'obiettivo: l'abolizione del lavoro. L'intelligenza artificiale lavorerà e produrrà ciò che sarà necessario mentre l'uomo avrà recuperato la vita nella sua intera pienezza. In questo modo si può parlare di vera libertà e di fine della schiavitù lavorativa. La critica alla tecnologia spesso viene da persone che, nella vita quotidiana, la utilizzano costantemente senza neanche accorgersene. Eppure, secondo loro, lo sviluppo tecnologico è negativo. Si chiede a queste persone allora di fare un atto decisivo, lasciare tutto, tecnologia compresa, e vivere definitivamente allo stato di natura. Ammesso che ovviamente riescano a trovare un fazzoletto di terra in cui questo è possibile, dove cioè non arrivi nulla che sia anche lontanamente paragonabile a un prodotto dello sviluppo tecnologico. La tecnica e la tecnologia sono strumenti con i quali, soprattutto oggi, bisogna fare i conti. Ma respingerle lontano, come se non potessero toccare la vita delle persone è un illusione, oltre che un grave errore. L'abolizione del lavoro e l'emancipazione dell'essere umano dalla schiavitù richiedono che con la tecnica e la tecnologia si abbia un approccio più pragmatico, tanto a livello di elaborazione teorica quanto nella pratica. Un giorno l'intelligenza artificiale potrebbe essere ricordata per aver aperto la strada a una delle più grandi rivoluzioni della storia: l'affrancamento dell'umanità dalle catene del lavoro. Questo potrà avvenire solo se si opera un cambio radicale di prospettiva nei confronti dello sviluppo tecnologico, esso va guidato e orientato e non, come accade ora, subito. Oggi la tecnologia è l'ennesimo strumento di tortura nei confronti dell'essere umano già vessato dalla schiavitù del lavoro. Nel futuro dovrà essere strumento di liberazione, di riappropriazione dello spazio e del tempo, ma, soprattutto, della libertà e della vera creatività umana.

9

L e conseguenze della schiavitù lavorativa a livello psicologico sono devastanti. Il lavoro, agganciato al denaro, ha creato la più perversa e potente arma di dominio nei confronti dell'essere umano. Questo strumento di ricatto si impone tanto a livello fisico quanto mentale. Gli esseri umani, influenzati dal perverso meccanismo del lavoro, hanno iniziato a giudicare i propri simili in base allo status. Questo è direttamente creato dal tipo di lavoro e, in maniera più precisa, dal denaro che il lavoro può offrire. Più si guadagna e più si è considerati autorevoli, meritevoli di attenzioni, interessanti e perfino attraenti esteticamente (tanto per capire il potere mistificatorio del denaro). Ora, se il denaro è direttamente correlato al lavoro, appare evidente che lo status sia dipendente dal lavoro che uno ha la sventura di dover fare. Molti ricchi, quelli che possono vivere di rendita, hanno capito che lavorare è inutile, ma lo hanno capito per via indiretta, in quanto appunto benestanti in condizione di poter vivere di rendita. Tuttavia, la grande maggioranza della popolazione deve arrancare nello svolgere attività lavorative oltre che noiose, ripetitive, sottopagate e anche frustranti. E lo sono nella misura in cui, a causa dei salari da fame, non permettono la costruzione di quello status che oggi, nella società dello sfruttamento, è un tratto fondamentale per giocare un ruolo nelle relazioni sociali. La schiavitù del lavoro porta gli esseri umani a essere sempre più soli, emarginati e esclusi dalle relazioni con i propri simili. Se si tiene in considerazione il fatto che una percentuale irrisoria di questo mondo è composta da persone a tal punto ricche da potersi permettere di non lavorare (anche perché altri schiavi lavorano per loro), si comprende come la gran parte dell'umanità abbia uno status che non è abbastanza nemmeno per sopravvivere a questa società dello schiavismo lavorativo. Il dominio del lavoro ha introdotto una mentalità altamente competitiva che però ha rapidamente sconfinato dal solo mondo delle attività produttive a tutte le sfere della vita umana. Oggi una persona che ha un lavoro umile, poco pagato, per non parlare se è disoccupata, non ha nessun valore agli occhi degli altri. In altri termini, si è inutili, dei reietti della società. La spesa nel mondo occidentale per i farmaci antidepressivi descrive bene il punto di criticità in cui si è arrivati e il modo in cui, a livello psicologico, il lavoro distrugge la vita delle persone. A corollario di questa tragedia vi è il pensiero, profondamente influenzato da una mentalità puritana di matrice anglosassone, secondo il quale se non si ha un lavoro, se si guadagna poco, se si ha uno status che vale meno di niente, la colpa deve essere per forza dell'individuo che non fa abbastanza per cambiare la propria condizione, o peggio, non vuole fare nulla per modificarla. Questo approccio non fa che peggiorare la situazione di una persona già pesantemente minata nel corpo e nella mente dalla schiavitù del lavoro. Queste velenose visioni filosofiche e religiose non sono che gli strumenti del Potere per riaffermare che il lavoro e tutto e l'essere umano è niente, ovvero che la schiavitù e necessaria e, se non la si accetta, la colpa è solo dell'uomo che è uno scansafatiche. Questa perversa propaganda è così introiettata nella mente e nel cuore delle persone che intere nazioni (vedere gli Stati Uniti) sono costruite sulle basi di questi sofismi schiavistici. Chi ha tempo e pazienza può andarsi a leggere le statistiche sui suicidi e gli omicidi negli Stati Uniti per capire fino a che punto la mentalità competitiva, esplicitamente formata dallo schiavismo del lavoro, ha devastato e devasta le comunità umane. Il circolo vizioso dello schiavismo è servito: senza lavoro non si possono avere soldi, senza soldi non si ha uno status, senza status non si ha autorevolezza, non si è importanti e interessanti, per cui agli occhi degli altri semplicemente non si esiste. Ecco la società degli individui atomizzati, senza più contatti reali, senza libertà. La libertà diventa allora una chimera che si pretende poter acquistare, anch'essa come tanti prodotti disponibili sul mercato. Ma se la libertà ha un prezzo, e spesso elevato, sempre meno persone sono in grado di acquistarla e quello che possono fare e stare a guardare. Attraverso i media la grande maggioranza degli schiavi non fa che ricevere un surrogato di quella libertà che solo in potenza potrebbero ottenere ma che non diventa mai atto perché non può essere comprata se non a caro prezzo. Il risultato è la perenne frustrazione derivante da una realtà come si vorrebbe che fosse e una che si vive, che però è lontanissima dalla prima. Lo scarto tra ciò che sarebbe a disposizione nel mercato dei prodotti e dei piaceri apparentemente disponibili e l'impossibilità di averli genera l'infinita frustrazione, una frattura interiore che è destinata a non ricomporsi mai. Ma è proprio su questa frattura che si basa la schiavitù del lavoro, ennesimo esempio di come la libertà degli esseri umani sia limitata e repressa da questo malefico strumento di dominio. L'abolizione del lavoro significa la distruzione della patologia psichica che oggi affligge il genere umano. Competitività, dipendenza dal denaro, ossessione per lo status, tutti insieme rafforzano la necessità del lavoro, ovvero dello schiavismo. Una società fatta di individui che stanno male è una facilmente ricattabile, controllabile, sempre esposta al dominio di chi possiede gli strumenti della repressione e della violenza. Oggi le persone che lavorano stanno male, fisicamente e psicologicamente, e questo fatto anziché scandalizzare e allarmare, viene supinamente accettato come una realtà non modificabile. I media, i megafoni del Potere, si guardano bene dal parlare della tragedia quotidiana provocata dal lavoro, attenzione: non dalle condizioni di lavoro, ma dal lavoro in quanto tale! La macchina della propaganda non consentirà mai alle persone di aprire gli occhi sulla realtà, sul fatto cioè che gli essere umani sono in catene e che queste non impediscono la libertà solo al corpo ma anche alla mente. Il recupero di un'autentica libertà passa solo dall'abolizione del lavoro e dal superamento del suo concetto. Nel mondo di oggi il lavoro, il denaro e lo status non sono che catene dalle quali è venuto il momento di liberare l'umanità. Non è esagerato, in questo specifico contesto, parlare di risveglio necessario da una condizione di sonno profondo in cui si trova immerso l'essere umano oggi. La sua mente ha smesso di funzionare nel momento in cui il lavoro ha completamente assorbito la vita. Il recupero della vita coincide quindi con un risveglio essenziale delle facoltà umane, soprattutto quelle creative. Attraverso il gioco l'uomo riscopre la bellezza del pensare, del fare e dell'agire. La vita può essere solo recuperata, anche a livello psichico, con l'abolizione del lavoro.

10

Dicono che una società senza lavoro, una con un'elevata disoccupazione, sia una rovina per l'umanità. I progressisti si battono contro le discriminazioni sul lavoro, di lavorono ne vorrebbero forse meno ma lo vorrebbero per tutti. I conservatori si battono per il diritto al lavoro, tanto per il lavoratore che dovrebbe essere impiegato quanto per l'imprenditore che, attraverso il lavoro, fa profitto. Eppure, una società senza lavoro non sarebbe affatto una rovina, ma la salvezza del genere umano. Chiaramente questa concreta possibilità non deve essere mostrata ai popoli e, anzi, questi devono essere spaventati dalla funesta possibilità che il lavoro possa non esistere. Infatti, oggi, la mancanza di lavoro, la disoccupazione, è percepita come una tragedia. E questo è vero, perché la società basata sullo schiavismo del lavoro è riuscita a costruire una narrazione in cui il lavoro è principio e fine dell'esistenza umana. Su di esso e attraverso di esso si formata tutta la vita dell'uomo. Come stupirsi, quindi, che l'assenza di lavoro provochi frustrazione, ansia e stress? Quello che si fa finta di non capire, o proprio non si comprende, è che la stessa frustrazione, l'ansia e lo stress affliggono l'uomo anche quando lavora, anche in misura maggiore rispetto a quando non lavora. I socialisti e i comunisti vorrebbero far comandare i burocrati di partito, i libertari e i conservatori vorrebbero mettere a capo gli imprenditori, le femministe chiunque, purché siano donne a comandare (vedi, Bob Black, *L'abolizione del lavoro*). Cambiano i soggetti al potere ma tutti, senza eccezione, vogliono mantenere l'umanità sotto le catene del lavoro. Nessuno, dall'estrema destra all'estrema sinistra mette in discussione lo strumento principale della repressione, ossia lo schiavismo del lavoro. A ben vedere, il fatto che milioni di persone siano quotidianamente schiavizzate serve al Potere di qualunque colore politico sia. La politica può promettere paradisi in terra, ricchezza, prosperità, emancipazione, ordine ma non offrirà mai la liberazione dal lavoro. Ancora di più se le forze politiche sono quelle che operano nel contesto di dominio da parte della schiavitù del lavoro. Sarebbe opportuno ricordare ai politici e ai demagoghi delle ideologie che, prima ancora di tanta retorica messianica, basterebbe voler mettere in pratica un semplice, ma per loro molto complesso, assunto: abolire il lavoro. Si tratta però di una vana speranza in quanto il lavoro mantiene la politica e gli apparati partitici e ideologici. Detto altrimenti, milioni di schiavi lavorano per mantenere un ristretto gruppo di persone che non lavora e che si occupa, paradossalmente, di prospettare continuamente a chi lavora un futuro migliore. Per questo, e molti altri motivi, la politica, anche intesa come classe politica o classe dirigente, non professerà mai l'abolizione del lavoro. Questo, infatti, per loro va incentivato, a volte ridotto, aumentato, rinegoziato, riformato, rivoluzionato, ma mai e poi mai può essere abolito. Sarebbe come togliere l'acqua a un pesce. Con una importante sottolineatura: a garantire l'acqua al grasso pesce sono milioni e milioni di individui che sacrificano la propria energia, il tempo, l'essenza, la vita in nome del feticcio-lavoro, la vera causa di tutte le sciagure dell'umanità. L'essere umano si ritrova così imprigionato in una sorta di circolo in cui crede che il lavoro lo possa liberare dalle catene del lavoro, il tutto rinforzato dalla propaganda ideologico-partitica, la quale vive e si procura da vivere attraverso le promesse prometeiche di un futuro migliore che, però, non è destinato a arrivare mai. Nella storia le ideologie hanno provocato milioni di vittime sacrificali, milioni di persone morte per mantenere in piedi la schiavitù. Alcuni schiavi consapevoli e ben volenterosi di esserlo, altri schiavi inconsapevoli, abbindolati dalla speranza alimentata dall'ideologia. In entrambi casi una tragedia. Quello che scompare del tutto è la libertà dell'uomo, resa ostaggio di una mistificazione senza fine. Conviene ribadirlo: l'uomo spesso è convinto di poter disporre del tempo, dell'energia, della vita, in una parola della propria libertà e che, proprio grazie al lavoro, questa libertà si mantiene costante, come una componente essenziale dell'esistenza. Si tratta di un errore di prospettiva fondamentale. Il lavoro, ancora di più come è inteso oggi, è la principale causa della condizione sciagurata in cui si trova l'individuo contemporaneo. A causa del lavoro l'uomo fa esperienza delle afflizioni più tremende e gravi, tanto nel corpo quanto nella mente. Sempre a causa del lavoro l'essere umano è imbrigliato in una rete di ricatti, fisici e psicologici, da cui difficilmente si può liberare. Eppure, nonostante tutto questo appaia abbastanza chiaro, l'umanità si immerge completamente nella condizione di schiavitù, con il sorriso sulle labbra e la (falsa) consapevolezza di marciare verso un futuro migliore, tanto, presto o tardi, il riscatto arriverà. I profeti dell'ideologia, quelli che si guardano bene dal lavorare, promettono che la liberazione è imminente, bisogna solo attendere ancora un poco. Quel poco che però dura in eterno e serve solo a mantenere in funzione le catene della schiavitù umana. L'umanità deve lavorare perché solo così può essere tenuta in pugno, ricattata e soggiogata. La peculiarità di questo sistema perverso è che all'uomo viene fatto credere di essere egli stesso l'artefice del proprio destino. Ma come? Lavorando ovviamente! Solo con il lavoro, lavoro e sempre più lavoro, all'uomo viene fatto credere di poter acquisire dignità, autorità e, soprattutto, libertà. Una schiavitù contro la quale viene indicata come soluzione altra schiavitù. Un circolo che alimenta continuamente il proprio funzionamento. Per il Potere è importante che l'umanità creda alle favole, quelle che gli apologeti del lavoro raccontano alle masse. Con queste astrazioni l'uomo può essere soggiogato e privato della libertà. Con queste false filosofie gli individui possono essere fatti marciare compatti verso la loro autodistruzione, non prima però di aver regalato l'anima, il corpo e la mente ai dominanti dello schiavismo lavorativo, i quali, furbescamente, hanno capito che il lavoro è uno strumento per schiavizzare non un'attività da perseguire. Infatti, loro sono ben contenti di non lavorare, preferiscono che siano altri a farlo per loro. La vera libertà passa solo attraverso l'emancipazione dal lavoro, che, in altri termini, si traduce nell'abolizione del lavoro. Soltanto smettendo di lavorare l'essere umano può recuperare la propria piena consapevolezza di essere libero. L'uomo non ha bisogno di una libertà comprata o regalata, caratteristica questa della società schiavistica del lavoro, egli ha invece bisogno di una libertà che coincida con l'espressione totale della propria creatività. Quando la volontà è libera essa produce vera libertà. Nel gioco l'uomo ritrova il vero senso del fare, in un'attività che sgorga da una fonte alla cui base vi è la consapevolezza di un sentire senza mediazioni, senza filtri, senza ostacoli.

11

Il lavoro uccide l'arte. Bisogna intendersi sul fatto che l'arte ormai sia fondamentalmente un lavoro. Che si tratti di un dipinto, di una scultura, di un libro, difficilmente queste creazioni si possono dire slegate da una dominazione schiavistica del lavoro e da una sostanziale dipendenza dal meccanismo di circolazione delle merci. Detto in altre parole, l'arte è oggetto di consumo e, quindi, molto lontana dalla libera creatività. Non si presta mai abbastanza attenzione al fatto che, oggi, si dichiara artista chi piazza una merce, insomma chi lavora creando prodotti da vendere. Ma l'arte, come la si vuole intendere in queste pagine, non va assolutamente confusa con quello che oggi viene definito come arte. L'arte è una libera creatività non influenzata da nessuna logica del lavoro e di dipendenza dal denaro. Si è già detto, infatti, quanto lavoro e denaro vadano di pari passo nel soggiogare la libertà degli individui. Non sfugge a questo meccanismo di dominio proprio l'arte, la quale dovrebbe essere il terreno privilegiato della libera creatività umana ma, di fatto, non lo è. In primo luogo la libertà creativa suggerisce che chiunque può essere, a suo modo, artista. E questo è quanto di più lontano vi è dalla logica del successo, del denaro e del profitto, insomma dal modo in cui viene concepito un artista oggi. Qui si intende arte in modo totalmente diverso. L'arte è quel gioco che permette all'essere umano di dare libera espressione alla propria creatività, non ostacolata da limiti, ostacoli, filtri e ricatti. Si capisce, in prospettiva, come il lavoro non crei i presupposti per questo modo di intendere l'arte. Al contrario, il lavoro assorbe l'arte nel meccanismo perverso dello schiavismo ricattatorio del lavoro. La creatività, se mai si possa dire tale, non è già espressione di una volontà libera ma di una che è assoggettata alle necessità del lavoro, ossia della produzione in serie. All'artista, inteso in questo modo, non viene data la possibilità di esplorare le innumerevoli potenzialità del proprio talento, ma solo di accomodarne alcune alle costrizioni del lavoro. Ne emerge un'arte falsa, monca, strozzata. Quella che però i critici e gli addetti ai lavori (appunto, ancora lavoro!) definiscono, e contribuiscono a far credere che sia, arte. L'arte non è, quindi, a disposizione di tutti, come un libero tirare fuori le migliori energie dal proprio cuore e dal proprio intelletto, no, l'arte è l'espressione di una schiavitù, di una limitazione. In questo senso l'arte diventa un privilegio per pochi. Ancora una volta quei pochi che possono permettersi di non lavorare, mentre gli altri, la massa, lavora per loro. Questi privilegiati, loro si reputano tali con una sorta di falsa modestia, si credono artisti, vengono ritenuti tali e acclamati. Le loro opere campeggiano nei musei o nei libri di storia dell'arte. Eppure non vi è cosa più lontana dall'arte che questa sciagurata pantomima.

Quando l'arte si sgancia dal lavoro e non è più attività per necessità ma attività che sgorga dalla libera creatività della persona, solo allora si può parlare di arte e di creazione artistica. L'arte deve essere possibilità, libero atto della volontà, anch'essa libera da vincoli, da filtri e da imposizioni. Tuttavia, il cammino verso la liberazione dell'arte dall'arte stessa è difficile. Perché al Potere fa comodo che l'arte sia intesa nel modo in cui lo è. L'artista è schiavo allo stesso modo di chiunque altro sfortunato che non possa permettersi di non lavorare. Certo, l'artista crede, e gli viene fatto credere, di potersi smarcare fino a un certo punto dal lavoro. Ma l'artista è una pedina importante nel sistema schiavistico del lavoro, perché lo giustifica e lo alimenta. L'artista e l'arte sono un miraggio verso il quale tende l'essere umano che sogna, forse un giorno questo sogno potrebbe diventare realtà e accogliere anche lui nella privilegiata categoria dell'artista. L'artista è un dominato del Potere dominante, il quale si serve di lui per i propri scopi propagandistici (l'arte come propaganda e manipolazione). Allo stesso tempo è un essere a metà, proprio perché la sua creatività è costretta a rimanere negli stretti spazi di quello che è possibile dire. L'autocensura nell'arte non è un fatto raro, questa esiste nell'artista quando non vi è una libera espressione della creatività, quindi si tratta di una limitazione interna. Vi è anche una limitazione esterna, il timore che si possa perdere quel poco (o tanto) di privilegi che il sistema schiavistico del lavoro elargisce ai propri fedeli servitori. Si genera così un meccanismo perverso di autocensura che, lentamente ma in maniera costante, porta completamente a dimenticare il fatto che l'arte, quella vera, coincide con l'espressione libera della propria essenza creativa, sganciata da ogni tipo di repressione e di dominio. L'arte invece vive sotto ricatto, l'arte è inquinata dalla logica perversa del lavoro. L'uomo, al contrario, ha bisogno che la sua espressione sia libera, che vi sia la possibilità concreta di poter esprimere quello che si pensa e si sente senza che il corpo e la mente siano sottoposti alla patologica condizione provocata dalla schiavitù del lavoro. Solo in questo modo è possibile un recupero dell'arte, intesa come ciò che l'uomo esprime in maniera libera e creativa. Con un'arte siffatta gli orizzonti della creatività sarebbero più larghi, messi nella condizione di poter respirare l'aria pulita della libertà. L'arte è essere quello che si è, seguire la propria natura senza ostacoli. Fino a quando si è dominati dallo schiavismo lavorativo non vi può essere arte in questo senso ma solo un suo pallido surrogato, una sorta di cibo velenoso per l'umanità. Più la gente assume questo veleno e meno è in grado di comprendere la distinzione tra libertà e sottomissione, a tal punto che quella che oggi viene chiamata arte viene ritenuta tale, la sola e vera espressione creativa dell'uomo. Niente di più falso! Solo l'abolizione del lavoro può recuperare l'arte e la creatività dal dominio del ricatto alla vera libertà. L'arte non può essere semplicemente la produzione, in serie o meno, degli oggetti. L'arte dovrebbe essere una condizione, la base dalla quale emerge la personalità libera dell'artista, non più strumento-megafono dello schiavismo del lavoro, ma portatrice di un'intima libertà, espressione della sua natura. L'arte così sarebbe di tutti e per tutti, senza distinzioni, perché sarebbe riconnessa alla libertà di poter essere quello che si è. Recuperare l'arte dal dominio dello schiavismo, riportare gli esseri umani a praticare la molteplicità, sganciare l'arte dal privilegio degli adoratori del feticcio-lavoro. Non sono che alcuni obiettivi per riproporre, ma non è mai abbastanza, l'obiettivo fondamentale: l'abolizione del lavoro. La libera creatività dell'uomo precede l'arte, la quale non è altro che ennesima espressione della vera libertà.

12

Per la mente degli adoratori del feticcio-lavoro sembra davvero impossibile immaginare una società senza lavoro. Questa impossibilità di pensiero è proprio data dall'influenza nefasta del lavoro sulle loro menti e le loro vite. Queste persone non sono legate al lavoro per motivi di scelta consapevole (non si sceglie la schiavitù consapevolmente, nella gran parte dei casi), lo sono perché il lavoro li ha resi degli schiavi che credono di essere liberi. Si tratta degli schiavi del mito della caverna di Platone ma con un importante aggiornamento. Mentre quelli erano incatenati all'interno della grotta e potevano soltanto limitarsi a vedere le ombre, credendo che quello che vedevano fosse il mondo, nel caso degli schiavizzati dal lavoro, le catene si hanno tutti i giorni, per sempre, almeno fino a quando il lavoro li tiene imprigionati nel corpo e nella mente. Anche questi, come gli schiavi descritti da Platone, credono alle ombre: il lavoro che libera, che nobilita, che garantisce lo status sociale e la ricchezza. Si tratta di ombre che vengono credute per realtà fattuale. Gli schiavi del lavoro sono anche schiavi da lavoro. Non è un caso che i maniaci del lavoro sono un prodotto in costante crescita e che, come fenomeno complessivo, porta anche a un aumento di patologie fisiche e psicologiche. Chi si trova incatenato nel lavoro spesso non riesce a capire la sua condizione. Più cerca di reagire alla propria situazione patologica e più si affanna a trovare delle cause esterne alla propria condizione. Non si riesce a capire, e questo è in parte anche comprensibile vista la massiccia propaganda prolavorista, che è il lavoro la causa di molti dei traumi che le persone si trovano a vivere. Ansia, stress, frustrazione non sono che espressioni di una medesima causa, il lavoro, un'attività che è schiavitù, in ogni modo e in ogni contesto si presenti. In anni recenti hanno preso corpo delle filosofie utilitaristiche *negative*. Il loro essere negative sta nel fatto che queste non vogliono garantire la felicità e il benessere per tutti, come afferma il pensiero utilitarista classico, ma, al contrario, si pongono l'obiettivo di evitare la sofferenza e la frustrazione al più alto numero di persone. A nessuno di questi filosofi è però mai venuto in mente che la sofferenza e la frustrazione sono causate dal lavoro e dalla schiavitù a cui sottopone milioni di persone. Una vera filosofia che voglia essere utile, e non semplicemente utilitaristica, dovrebbe puntare alla causa vera della frustrazione e della disarmonia umana, ovvero il lavoro. Se arrivasse a questo potrebbe ambire a essere una filosofia in grado di fare un passo in più, quello decisivo per ristabilire la necessità che l'uomo sia davvero libero e non un dominato senza più autonomia di pensiero e di movimento. Se la filosofia si limita soltanto a dire che cosa non funziona e illustra semplicemente un vaga tensione verso l'abolizione della frustrazione, ebbene essa non è altro che una psicologia da rotocalco. Ben venga la riflessione sulla necessità (e possibilità) di diminuire al massimo la sofferenza umana, ma, si può chiedere, che cosa provoca la sofferenza umana? Che cosa impedisce all'umanità di rompere le catene della propria condizione di schiava? Per l'abolizionismo è il lavoro, in tutte le sue possibili sfumature. Il lavoro distrugge la personalità umana, annienta i legami interpersonali, frustra le aspirazioni dell'individuo. In altre parole, il lavoro si contrappone alla vita e alla libertà. L'abolizione del lavoro, seppure coltivata inconsapevolmente da molti individui, rimane osteggiata perché è pericolosa. Lo è per due motivi, tra gli altri: perché impedisce al Potere di dominare e controllare le vite delle persone e perché, di fatto, molte persone non desiderano essere libere, hanno timore della libertà. Meglio una schiavitù rassicurante che una libertà che apre all'infinito. Per costoro è più consolante rimanere schiavi della propria vita organizzata, limitata e repressa, anziché aspirare alla piena libertà della volontà e della creatività. Ma nell'abolizione del lavoro non si può essere solo pessimisti, a fare da contraltare a un'analisi impietosa della società e dei suoi membri, in molti casi dormienti, vi è un ottimismo di fondo, quello che viene alimentato da una crescente consapevolezza che il lavoro, anche se lentamente, sta minando le proprie basi. Lo schiavismo si è portato talmente avanti, ha tirato la corda a tal punto, che non sono pochi coloro che rinunciano al ricatto, che spezzano le catene di una schiavitù perenne. Certo, si può affermare che queste persone non siano del tutto, ancora, consapevoli.

Tuttavia, quello che vi è di positivo è che è sempre meglio chi, con un atto di grande coraggio, abolisce il lavoro dalla propria vita, rispettro a chi invece, ancora di più se consapevolmente, preferisce vivere nella schiavitù di una vita consegnata a chi la vuole distruggere. L'abolizione del lavoro, se deve essere tale, non può fomentare guerre tra poveri. Il lavoro va abolito, in maniera netta e globale, in questo modo tutti potranno capire i vantaggi e i benefici di una tale rivoluzione. Forse vi saranno persone che, per un certo periodo, continueranno a pensare che l'abolizione del lavoro sia impossibile, che vivere senza lavorare sia una chimera. Si ricrederanno non appena avranno fatto esperienza della libertà. Chi è libero davvero scopre che cosa vuol dire vivere e esprimere la più autentica personalità e creatività. L'incredulità davanti a una vita senza lavoro lascerà spazio alla gioia di un'esistenza senza ostacoli, senza feticci ideologici, senza mediazioni. L'uomo sarà finalmente libero di essere quello che vuole essere. La creazione avverrà attraverso il gioco, per mezzo della continua scoperta spontanea delle potenzialità del mondo e della natura. Con il tempo ritrovato gli esseri umani ristabiliranno, o impareranno a farlo, nuovi rapporti sociali, più profondi e solidali, poiché non intaccati dalla schiavitù del lavoro e dalla dipendenza dal denaro e dallo status sociale. Tutti potranno creare in base alle necessità della propria persona e della collettività. Ma la creazione sarà il frutto di una scelta libera e spontanea, non imposta e organizzata da un Potere che domina e controlla ogni momento della vita. Si può dire di più: i rapporti sociali inizieranno a esistere proprio grazie all'abolizione del lavoro, perché, soprattutto oggi, il lavoro non fa altro che mettere maschere sui volti degli individui. Laddove si vede un sorriso, in realtà si ha un volto rabbioso, là dove si fa finta di mostrare solidarietà, si prova odio profondo. Come potrebbe essere altrimenti? Il lavoro mette gli esseri umani gli uni contro gli altri e se esiste una parvenza di rispetto e collaborazione è perché qualcuno serve a un altro per raggiungere i propri obiettivi o per appagare le proprie frustrazioni paranoiche. L'abolizione del lavoro è il superamento di questa schiavitù, essa è il recupero di relazioni vere fondate sulla solidarietà e la collaborazione da parte di persone che, liberamente e senza imposizioni, decidono di stare insieme e condividere momenti della propria esistenza.

13

L'abolizione del lavoro potrebbe essere presa come una stravaganza di qualche spirito libero che ha poca voglia di lavorare. Non stupirebbe sentire una descrizione del genere dalle bocche di coloro che fanno dipendere la loro esistenza dallo schiavismo del lavoro e che lo difendono con ogni mezzo possibile. Eppure, a voler scorrere la galleria di personalità (non molte, a dire la verità) che si sono spese per mettere in evidenza i risvolti negativi del lavoro, vi troviamo gente come Bertrand Russell, uno dei massimi filosofi che la storia del pensiero abbia avuto. Russell, matematico e logico, oltre che filosofo, ha sentito il bisogno di affermare con le seguenti parole:

Io voglio dire, in tutta serietà, che la fede nella virtù del lavoro provoca grandi mali nel mondo moderno, e che la strada per la felicità e la prosperità si trova invece in una diminuzione del lavoro. (Elogio dell'ozio, 2004)

Si può rassicurare chi legge che il filosofo britannico non faceva uso di sostanze stupefacenti e certamente non era ubriaco quando scriveva queste parole.

Colpisce il fatto che un uomo della statura morale e culturale di Bertrand Russell, filosofo analitico, quindi razionale, abbia soffermato la sua attenzione sul fatto che il lavoro sia la causa dei mali e che, ancora di più, la fede nella virtù del lavoro sia causa di molte sventure. Russell non ha dubbi: la strada per la felicità e la prosperità è una diminuzione del lavoro. Ora, è evidente come il filosofo non parli nel suo scritto di abolizione del lavoro, se lo avesse fatto, si sarebbe reso davvero rivoluzionario, considerando i tempi e la tipica mentalità iperlavorista dei popoli anglosassoni. Per questi il lavoro è una missione, assume toni messianici e religiosi. Non è un caso, infatti, che si è parlato più volte in questo libro del lavoro come feticcio religioso. Ebbene, anche se Russell è ancora lontano dal prospettare un'abolizione del lavoro, ne propone, tuttavia, una forte diminuzione. Si tratta di un passo importante, tenendo presente che nella sua epoca si agitavano da un lato le forze progressiste che del lavoro facevano un paradigma delle loro dottrine, e dall'altro le forze politiche degli imprenditori che nel lavoro trovavano il mezzo privilegiato per schiavizzare la popolazione. Russell è inoltre convinto che proprio il concetto del dovere abbia contribuito a far accettare la schiavitù lavorativa a milioni di persone. Coloro che detengono il potere sono in grado di far lavorare gli uomini facendo credere loro di stare a lavorare per i propri interessi, mentre fanno solo quelli di coloro che detengono una qualche forma di potere. Va sottolineato come il filosofo britannico non dica solo che lavorando molto meno (una strada per arrivare a non lavorare per nulla) si può essere felici ma che si può raggiungere anche la prosperità. In altre parole,

Russell sostiene che la riduzione del lavoro non produca solo una felicità interiore ma anche un benessere materiale, ovvero la prosperità. Questo potrebbe sembrare un paradosso: l'assenza di lavoro dovrebbe aumentare il benessere delle persone, ma oggi sono ancora in molti a ritenere valida l'equazione, più lavoro=più guadagno=più prosperità materiale. E invece le cose, come ricorda Russell, stanno diversamente. L'uomo, riprendendo le parole del pensatore inglese, ha bisogno anche di oziare e, quindi, una sensibile riduzione delle ore lavorative permetterebbe all'essere umano di avere più tempo e energie per dedicarsi alla cura della mente e del corpo. Non solo, ma questo tempo recuperato e, di conseguenza, il benessere acquisito, avrebbero la funzione di migliorare anche la condizione materiale degli individui. Evidentemente, secondo Russell, senza essere schiavizzato l'uomo può nutrire il proprio intelletto e questo, non più dipendente dal denaro e afflitto da patologie derivanti dall'eccessivo lavoro, può funzionare in modo tale da trovare strade efficaci per migliorare la condizione economica dell'uomo. Il lavoro, soprattutto per come è concepito nel mondo contemporaneo, ha esattamente la funzione di ridurre l'intelletto a un accessorio insignificante. In questo modo l'uomo non può evolvere né in senso interiore e nemmeno in quello esteriore. Il fatto che Russell abbia trovato importante scrivere sulla riduzione del lavoro, mettendone in evidenza gli aspetti positivi, dimostra quanto necessaria fosse allora (e lo è ancora di più oggi) una seria riflessione sul superamento del concetto di lavoro. Si può perdonare a Russell il non essersi spinto oltre, non avere avuto contezza del fatto che il lavoro non va solo ridotto ma abolito. Si può speculare sul fatto che il filosofo davvero pensasse a un'abolizione e non a una semplice riduzione delle ore lavorative, ma questo tipo di congetture non gli sarebbero piaciute in quanto non suffragate dai fatti. Quello che è importante qui è rimarcare l'attenzione che Russell pone al fatto che tra i grandi limiti che impediscono all'essere umano di poter avere uno sviluppo completo e libero delle proprie facoltà, vi è proprio il lavoro. Il lavoro è un ostacolo alla piena libertà degli esseri umani. A un amante della libertà come il filosofo britannico, non poteva sfuggire il fatto che il lavoro fosse (e, ancora di più oggi, è) il più potente strumento di controllo e di schiavitù che l'essere umano abbia mai sperimentato. Va anche dato a Russell un merito non di poco conto: egli, a differenza di molti intellettuali (e pseudotali) che sono messi nelle condizioni di non lavorare (ma schiavi anche loro, come si è già visto) e che predicano continuamente la necessità del lavoro, ebbene, proprio contro e rispetto a questi intellettuali megafoni del Potere, dominati della classe dominante, Russell si comporta da persona onesta. Egli vuole che il tempo dell'ozio, della crescita intellettuale e materiale dell'individuo sia per tutti e non solo per un piccolo gruppo di privilegiati. Russell avrebbe potuto comportarsi come tutti gli altri, giustificando il lavoro, certamente avrebbe avuto un grande seguito, data la sua influenza e autorità. Egli avrebbe potuto dire che il lavoro, quello che gli altri sono costretti a svolgere, ovviamente, è necessario. Chi avrebbe osato contraddire il grande filosofo, considerando l'ossessione per il lavoro come feticcio pseudoreligioso? Eppure non lo fa. Anzi, ricorda che il lavoro è la fonte di molti mali e il motivo per cui l'essere umano non riesce a vivere in piena e consapevole libertà. Per quanti, si spera sempre meno, vogliono vedere nell'abolizione del lavoro un'idea senza nessuna possibilità di successo, andrebbe ricordato che anche un filosofo come Bertrand Russell, uno che aveva fatto della razionalità e dell'aderenza ai fatti le basi della propria esistenza, aveva compreso come il lavoro sia schiavitù e che è altrettanto un fatto, si può aggiungere, che il lavoro vada una volta e per sempre abolito.

14

La consapevolezza che il lavoro sia una sventura per l'umanità riporta alla notte dei tempi. Il libro più importante del Cristianesimo, la Bibbia, insegna che i primi uomini sulla terra, Adamo e Eva, esseri voluti e creati da Dio, furono cacciati dal Paradiso per essere destinati a una vita di sofferenza. Da quel momento in poi avrebbero dovuto lavorare per vivere (Genesi 3:23). Il lavoro si configura come la schiavitù che attende l'uomo che commette peccato nei confronti di Dio e della sua volontà. Nella condizione precedente, quella paradisiaca, Adamo e Eva avevano a disposizione tutto ciò che desideravano, in altre parole non dovevano lavorare per procurarsi il cibo e tutto quello che serviva per la sopravvivenza. In un luogo senza lavoro l'umanità avrebbe potuto prosperare e evolversi in assenza di schiavitù. Il peccatto, nel caso specifico il non aver rispettato una regola, ha comportato la cacciata dal Paradiso. Conviene riportare il versetto della Bibbia per esteso:

Il Signore Dio lo scacciò dal giardino di Eden, perché lavorasse il suolo da dove era stato tratto. (Genesi 3:23)

L'uomo viene espulso affinché possa lavorare, ossia il lavoro diventa condizione peculiare di una situazione di sofferenza. L'attività lavorativa, apertamente schiavistica, segna il passaggio irreversibile da una condizione di libertà, sia fisica che interiore, a una di schiavitù, nel corpo e nella mente. All'uomo che ha perduto l'innocenza non resta che volgersi al mondo, luogo in cui domina il ricatto schiavistico del lavoro. Va rimarcato il fatto che, nonostante il lavoro sia chiaramente valutato negativamente nel testo sacro, nel corso della storia ha esso ha subito un ribaltamento di significato, diventando cioè il mezzo attraverso il quale l'uomo si nobiliterebbe. Lo stesso Cristianesimo ha fatto del lavoro, anche duro, la condizione essenziale per il riscatto dal peccato originale. In alcune denominazioni protestanti ha assunto forme messianiche a tal punto da coincidere con la volontà di Dio. Per cui, lavorare, produrre, fare profitto, realizzerebbe in terra la volontà di Dio e collocherebbe l'individuo in una posizione privilegiata rispetto a coloro che, invece, non lavorano o si rifiutano di farlo. Converrebbe invece rileggere la Bibbia sottolineando come il lavoro sia collocato in una sfera della vita che implica la schiavitù e la perdita di libertà. Come si possa recuperare la libertà e l'integrità della persona attraverso il lavoro è un'idea davvero singolare, soprattutto se a sostenerla sono proprio coloro che dicono di leggere e seguire la Bibbia alla lettera. In realtà, fin dall'antichità, è apparso chiaro che il lavoro fosse uno strumento per estendere il controllo schiavistico, fisico e mentale, sulla popolazione. Non a caso l'assenza di lavoro coincide, nella Bibbia ma anche in altre forme di spiritualità e mitologia, con uno spazio e un tempo in cui l'uomo vive in perenne felicità, senza sofferenza. Nel Paradiso l'uomo e la donna sono affrancati dalla dipendenza dai bisogni, ovvero non sono schiavi della necessità di lavorare, per produrre, per guadagnare. L'assenza di lavoro, si può dire pure l'abolizione del lavoro, emancipa l'umanità dalla sua condizione di inferiorità, laddove inferiore si deve intendere qui un soggetto che vive in una condizione limitata e limitante, impossibilitato a esprimere la propria libertà in senso pieno. Dalla Bibbia si comprende che l'uomo che lavora non è affatto in uno stadio nobilitato dell'esistenza, al contrario, in una situazione di inferiorità rispetto a quando era nel luogo in cui poteva disporre liberamente del tempo e dello spazio. L'espiazione del peccato attraverso il lavoro diventa una strada necessaria non perché il lavoro sia importante oppure nobilitante, ma perché lo schiavismo lavorativo diventa la conseguenza necessaria imposta dalla trasgressione del precetto divino. Il lavoro è frutto di uno sbaglio, di un allontanamento da una condizione positiva precedente che si trasforma radicalmente in negativa nel momento in cui si rifiuta il rispetto di una regola. La prospettiva del lavoro come caduta e allontanamento dalla felicità ininterrotta è una caratteristica di molti racconti mitologici che l'antichità ha trasmesso all'umanità posteriore. In molti paradisi terresti il lavoro non esiste e, se esiste, si tratta di fatto di attività che l'uomo svolge per piacere e perché sono intimamente connesse al suo essere libero. Il lavoro è, in sostanza, la libera espressione di una volontà che non ha ostacoli, che non è soggetta a filtri, che non è strozzata dalla necessità. Si tratta appunto di figurazioni mitologiche che, tuttavia, illustrano chiaramente un mondo a cui aspirare, una strada da percorrere. Perché questo mondo, schiavizzato dal lavoro, non può essere quello dove gli esseri umani realizzano la propria libertà, anzi, questo mondo è il luogo della limitazione della libertà, è il mondo velato, quello che impedisce alle persone di aprire gli occhi. Nel momento in cui si aprono gli occhi si scopre di essere sotto costante controllo e il lavoro non è che lo strumento principale per rendere l'umanità schiava delle entità demiurgiche che detengono il vero Potere. Gli antichi suggerivano, e continuano a farlo ancora oggi, che l'unico modo per liberare il mondo dall'oppressione è capire che è necessario un risveglio: ridestare l'essere umano dal sonno profondo in cui è stato collocato. Solo così si può comprendere, anche spiritualmente, che il lavoro è una prigione, per quanto per alcuni possa sembrare dorata. Nella prigione del lavoro non vi è spazio per la libertà e per la crescita creativa degli esseri umani. L'alternativa, oggi come allora, è tra risvegliarsi e prendere atto che il lavoro è schiavismo, oppure continuare a dormire e a mantenersi schiavi. Nel primo caso si può tendere a essere uomini e donne liberi, nell'altro a vivere come uomini e donne a metà, mantenuti in una perenne condizione di inferiorità, esseri fondamentalmente inespressi. La grande produzione culturale che attraverso i millenni è giunta fino a oggi testimonia che è arrivato il momento di superare il lavoro, per liberare gli individui dalle catene che li constringono a vivere una vita che non vogliono, oppure, peggio, una vita che credono di poter scegliere e costruire liberamente ma che, di fatto, è eterodiretta. L'abolizione del lavoro non è esclusivamente l'obiettivo di chi vuole vivere nell'ozio (il che non sarebbe comunque da condannare), ma è molto di più. Nella scomparsa del lavoro come schiavitù vi è in gioco la libertà fondamentale dell'uomo di poter essere quello che è, di poter esprimere la propria natura, libera da ogni costrizione.

15

Senza la misurazione del tempo la vita non sarebbe concepibile. L'esistenza degli esseri umani è intersecata a tal punto con gli strumenti di misurazione del tempo che sarebbe impossibile immaginare un mondo senza orologi e senza una costante misurazione del tempo che passa. Il lavoro, in quanto meccanismo schiavistico, utilizza il tempo per segmentare in maniera razionale il tempo degli esseri umani, in modo tale che la schiavitù sia sistematizzata e che il tempo non vada perso. Si dice, infatti, il tempo è denaro. Lo sanno bene coloro che tengono le masse sotto ricatto. Nella gran parte dei mestieri non si fa che contare il tempo, all'entrata a lavoro si timbra il cartellino e lo si timbra di nuovo all'uscita. Si vuole vedere quanto tempo si è sottratto agli schiavi, in modo da rubarne ancora di più. E se dovesse accadere che qualcuno non si è attenuto al rispetto minuzioso del tempo, sono sempre pronte punizioni esemplari. In questo clima idilliaco si recano a lavoro milioni di persone ogni giorno. Tuttavia, la misurazione del tempo è un'ossessione moderna. Bisogna attendere fino al XIV secolo prima di vedere realizzati gli orologi meccanici. Dopo questo tipo di apparecchi si ebbe, nel 1656, l'orologio a pendolo. Prima della meccanizzazione della misurazione gli orologi erano antiquati e, spesso, poco precisi. Non a caso, soprattutto nelle campagne, la misurazione del tempo, o sarebbe meglio dire la scansione del tempo, veniva considerata in base al sorgere e al tramontare del sole, al passare delle stagioni. Dominava, inoltre, una concezione del tempo ciclica, legata appunto allo scorrere delle stagioni che si ripetevano in una sorta di eterno ritorno. Gli storici, e le cronache del tempo, sembrano suggerire che agli antichi la mancanza di orologi non facesse difetto, questi, infatti, continuavano a vivere in accordo con la scansione ciclica del tempo. Detto in altre parole, non avevano l'ossessione di misurare al millesimo di secondo la propria giornata o la propria esistenza. Il mondo ha continuato a funzionare anche quando la misurazione del tempo era lontana dall'essere precisa. Con l'avvento della mentalità del profitto, quella per cui il tempo è denaro e sembra non esistere altro che il vivere per lavorare, la misurazione del tempo era un elemento fondamentale. Non bastava lavorare, bisognava farlo nel minor tempo possibile e producendo il massimo possibile. Gli schiavisti del lavoro intuirono subito che, grazie alla misurazione precisa del tempo, era possibile rubare sempre più ore alle persone e schiavizzarle fin dalla tenera età. Non a caso, il lavoro e la scuola si basano sul conteggio preciso del tempo. Il tempo, da elemento che armonizzava la natura e l'uomo, diventa successivamente lo strumento attraverso il quale la schiavitù del lavoro razionalizza la distruzione dell'uomo e lo priva di sempre maggiore libertà.

L'imperativo diventa, quindi, gestire il tempo, collocarlo all'interno di una vita che viene categorizzata in segmenti produttivi. Anche quando, apparentemente, l'individuo sembra poter godere del tempo libero, in realtà non è libero affatto, perché si tratta di tempo rigidamente organizzato, controllato secondo per secondo dai precisi strumenti di misurazione che, oggi, sembrano non mancare un colpo. Nessun secondo può essere sprecato, l'uomo deve produrre, correre, agire, fare, nella più totale mancanza di libertà. Il segno della follia schiavistica del tempo misurato ossessivamente si trova anche negli orologi, oggi diventati un oggetto quasi di culto consumistico. Ancora una volta, l'umanità vive in condizione di schiavitù e ne è talmente contenta da elevare a feticcio di culto proprio l'oggetto che serve a misurare le ore, i minuti e i secondi in cui essa vive in privazione di libertà. La misurazione del tempo ha assunto, dall'età moderna a oggi, la forma di una vera e propria ossessione. Si teme di perdere ogni attimo prezioso della vita, eppure si continuano a regalare ore, giorni, mesi e anni al lavoro, ovvero proprio allo strumento che impedisce agli essere umani di vivere una vita in piena libertà. Gli aspetti psicologici del vivere sotto costante pressione per paura di perdere tempo sono ampiamente evidenti: ansia, stress, depressione, impossibilità di tenere il passo in una società che è votata alla velocità cronometrata del tempo. All'interno dell'essere umano si vive una scissione: da un lato la consapevolezza di non poter vivere sempre sotto ricatto dell'orologio, dall'altro la realtà di un'esistenza in cui la misurazione del tempo non è solo un elemento esterno ma assume i connotati di essenza della vita stessa. Si arriva così a non poter considerare possibile una vita senza la ferrea organizzazione del tempo, senza cioè che l'esistenza, e l'esistente, non siano categorizzati, incasellati in uno schema preordinato. La sofferenza di buona parte dell'umanità di oggi poggia proprio su questa apparentemente insanabile scissione. Eppure, il modo per affrancarsi dalla schiavitù del tempo esiste e passa attraverso il superamento del lavoro, ossia della sua schiavitù imposta. Nella misurazione ossessiva del tempo vi è l'impossibile recupero della libertà perduta. Va sottolineato che qui non si vuole certamente affermare che si debba tornare a un mondo senza misurazione del tempo, anche perché, se persistesse la schiavitù del lavoro, a poco servirebbe una società in cui il tempo non viene misurato oppure lo si misura con strumenti antichi e imprecisi. Si tratta, al contrario, di un superamento del tempo per come è inteso oggi dallo schiavismo del lavoro: il tempo va recuperano nella sfera della libertà dell'uomo, allontanandolo dalle imposture del ricatto del lavoro. Che si misuri il tempo allora, ma in un contesto completamente diverso, dove l'uomo non ha più bisogno delle catene del lavoro e, quindi, dove può impiegare il tempo per esprimere la propria creatività. Al passare del tempo nessuno si può opporre, ma si può cambiare la qualità del tempo. Oggi il tempo, per milioni di persone, non ha qualità, non ha vita, è semplicemente uno strumento di dominio e controllo. L'abolizione del lavoro porta a una riappropriazione del tempo in chiave sia qualitativa che quantitativa, più tempo e tempo migliore. Il superamento del lavoro, come concetto astratto e pratico, presuppone inoltre un nuovo rapporto tra l'uomo e la misurazione del tempo. Questa non più stabilita sull'ossessione del dover considerare ogni secondo come se fosse un istante produttivo, ma armonizzata nella nuova relazione tra esseri umani e vita vissuta. Per dirla altrimenti, il tempo si misura in attimi di libertà e creatività spontanea. Solo così la misurazione dei giorni, dei mesi, delle ore che passano, può essere positiva. Solo in questo modo la libertà riconquistata alla schiavitù del lavoro può vincere sullo scorrere del tempo, anche se apparentemente. Perché il tempo continuerà a passare per tutti, ma sarà pienamente vissuto e finalmente libero.

16

Che la società fondata sullo schiavismo del lavoro sia profondamente malata e contraddittoria è confermato anche dai dati. L'economista e sociologa Juliet Schor nell'articolo dal titolo *Beyond an Economy of Work and Spend* (contenuto nel saggio *Why Work? Arguments for the Leisure Society*, a cura di Freedom Press, Freedom Press e PM Press, 2018), si domanda come mai le ore di lavoro agli inizi del XXI secolo non siano affatto diminuite rispetto all'inizio del XX secolo e, anzi, in gran parte sono aumentate, pur essendo necessarie molte meno ore per produrre beni, oggetti e servizi rispetto ai secoli scorsi. In proporzione le ore di lavoro sono diminute di più tra il 1870 e il 1938 rispetto al periodo 1950-1984. Negli Stati Uniti la settimana corta, ovvero da quattro giorni, sarebbe dovuta entrare a regime negli anni settanta, la giornata di quattro ore di lavoro invece era prevista entro la fine degli anni ottanta. Chiaramente tutto questo non è accaduto. Non solo, ma le ore di lavoro anziché diminuire sono aumentate. Per decenni i politici e gli esperti hanno prospettato che la società del tempo libero sarebbe presto diventata una realtà. Eppure, nulla di quanto promesso si è mai realizzato. Oggi, infatti, il lavoro è ancora più schiavistico che nel passato, sempre meno pagato e sottoposto a una organizzazione rigida del tempo. Quello che difficilmente si comprende, e in questo si può concordare con l'opinione di Juliet Schor, è che molto di ciò che si reputa importante nella nostra vita, per esempio le relazioni interpersonali, la famiglia, gli amici, il benessere interiore, poggia sul tempo e sulla sua qualità. Il lavoro priva l'essere umano proprio del tempo necessario per costruire relazioni di vicinanza e del terreno su cui i valori si possono effettivamente praticare, non lasciandoli semplicemente lettera morta. Si è già spiegato ampiamente perché gli schiavisti del lavoro vogliono, come vampiri, succhiare il tempo all'umanità: questa, infatti, deve restare sotto controllo. La rigida organizzazione del tempo, sia quello di lavoro che libero è in linea con l'obiettivo fondamentale del Potere schiavistico del lavoro, ovverosia cancellare la libertà degli individui. L'essere umano, a causa del lavoro, assume le sembianze di un vero e proprio automa, in tal senso ancora meno autonomo rispetto alle macchine definite intelligenti. Per sfuggire a questa disperata condizione gli esseri umani ricorrono a surrogati la cui funzione è creare una finta felicità, solo temporanea, nell'attesa di riprendere l'eterno schema dell'organizzazione del lavoro. La situazione dell'uomo e della donna contemporanei è talmente drammatica che a molto poco servirebbe una semplice riduzione delle ore di lavoro. Certo, si tratterebbe sempre di un passo rispetto al nulla che domina il mondo di oggi.

Tuttavia, la questione non è lavorare meno, e nemmeno lavorare tutti. Il punto è liberare l'umanità dalla schiavitù del lavoro, dal perenne ricatto dell'occupazione e disoccupazione. La polarizzazione tra tempo di lavoro, occupato, e tempo libero è un falso problema. Come si è già ampiamente visto, il tempo libero non è che una forma di tempo occupato in maniera diversa. Ma questo tempo non è effettivamente libero, ma solo creduto libero. L'altro, invece, è perennemente occupato. Non sarebbe inutile domandarsi perché un essere umano dovrebbe regalare tempo prezioso della propria esistenza a chi di fatto lo schiavizza? L'ossessione del lavoro ha inculcato nelle persone l'idea che il tempo libero sia qualcosa di poco conto, non a caso si parla di 'ammazzare il tempo', quando, appunto non si lavora. Da gente che considera il tempo libero come qualcosa da ammazzare cosa si può pretendere? E invece, lo si deve ribadire con forza, il tempo libero non solo andrebbe maggiormente studiato e analizzato per capirne tutta la sua importanza, ma andrebbe recuperato, proprio a discapito del lavoro. Si tratta di una questione vitale: da un lato la schiavitù del lavoro, dall'altro la libertà del tempo, finalmente e realmente libero. Nei Paesi Bassi, facendo riferimento ancora all'articolo di Juliet Schor citato all'inizio, tra il 1990 e il 1995 il settore privato ha subito, in media, un aumento del tempo lavorativo di un'ora a settimana. Ma allora perché, se si produce in meno tempo, si lavora di più? Perché la tecnologia, annunciata come la grande rivoluzione nel mondo del lavoro, non ha contribuito a una riduzione delle ore lavorative? Rispondere a queste domande in maniera articolata non è oggetto di questo scritto. Qui basterà mettere in evidenza che le motivazioni di questo apparente paradosso vanno ricercate nel comportamento dei datori di lavoro, cioè degli schiavisti che mantengono il potere di vita e di morte sui lavoratori. Nel mondo del lavoro, oggi più che mai, si parla di flessibilità. Tuttavia, questa è praticata solo quando si tratta di licenziare facilmente oppure di accordare ai lavoratori stipendi miserevoli. In questi casi la flessibilità è un imperativo e una convenienza. Quando si tratta di utilizzare la flessibilità per dare la possibilità ai lavoratori di gestire le ore di lavoro, incredibilmente si smette di parlarne. Infatti è evidente, e chi legge può farne esperienza diretta, che in molti luoghi di lavoro vige ancora una mentalità che fa della rigida scansione temporale del lavoro il pilastro su cui si basa il funzionamento dell'organizzazione lavorativa. Non è importante la qualità del lavoro, l'obiettivo, ma la quantità e il fatto che il lavoratore sia letteralmente imprigionato dalle...alle...così viene concepito il lavoro oggi. I licenziamenti poi fanno il resto, meno persone lavorano e quelle poche (s)fortunate che lo fanno devono lavorare il doppio o il triplo per sopperire alla forza lavoro che manca. Si pensa, erroneamente, che ai lavoratori dispiaccia la flessibilità e questa faccia rima con la discriminazione di milioni di persone, diventate ormai numeri e non più esseri umani. Quello che va messo in evidenza è che se di flessibilità si deve parlare, ebbene, lo si deve fare non solo a vantaggio di chi sfrutta e schiavizza ma anche a favore di chi chiede, giustamente, una riduzione delle ore lavorative, soprattutto a fronte del fatto che per produrre beni, oggetti e servizi oggi serve molto meno tempo. E invece accade tutto il contrario di quanto sarebbe auspicabile. Per questo non è mai abbastanza ribadire il fatto che il lavoro è una schiavitù e tentare di interrompere questo processo che dura da secoli, semplicemente riformando il mondo del lavoro, è una vana speranza, destinata miseramente a fallire. Obbligare, perché in fondo si tratta di questo, i lavoratori a stare sempre più a lungo sul posto di lavoro permette ai datori di lavoro di sfruttare ore in eccesso, ovvero gratis. Ancora, si tratta di tempo regalato alla schiavitù del lavoro. Oggi un'ora, domani un'altra, dopodomani un'altra ancora, si accumula così tempo, tolto a altre attività ben più importanti a cui l'uomo potrebbe dedicarsi. Mentre questo tempo regalato allo schiavista provoca l'impoverimento, fisico e mentale dell'essere umano, rappresenta, in senso inverso, una fonte molto conveniente di guadagno per chi sfrutta e ricatta. In sostanza si lavora sempre di più, e sempre più gratis, rispetto a quello che prevederebbe la posizione per cui si viene assunti. Qualche altro dubbio sul fatto che il lavoro andrebbe abolito? Vi è una scelta da fare, o si percorre la strada della riappropriazione della libertà, oppure si continua a rimanere schiavi di un sistema che non può, e non vuole, essere riformato. Se si opta per la prima alternativa, allora l'abolizione del lavoro è l'unica possibilità che l'umanità ha di riconciliare se stessa con la propria essenza. Si vuole che l'uomo sia tale, oppure una macchina da sfruttare all'occorrenza? Soltanto al di là del lavoro vi è spazio per la libera espressione del proprio essere.

17

L'abolizione del lavoro, pur nella sua vitale attualità, non può essere una via percorribile semplicemente attraverso politiche amministrative, ovvero imposte dall'alto. Ancora più importante è capire che non si può arrivare a un'abolizione del lavoro se prima non si è compiuta una rivoluzione nel modo di pensare la realtà. Per capire questo punto si può prestare attenzione a come i media propagandano l'idea che la vita degli individui dipenda essenzialmente dalla creazione di posti di lavoro, oppure dai dati macroeconomici. Per cui, se il dato riguardante i posti di lavoro disponibili cresce, ciò vuol dire che si è in una condizione positiva. Viceversa, quando aumenta la disoccupazione, la condizione si tramuta in negativa. Va appunto notato l'effetto psicologico di tale narrazione: lavoro=positività, mancanza di lavoro=negatività. Ne consegue che anche gli indicatori economici avranno un'importanza capitale nel formare il sentire collettivo della società. Come a dire, se i mercati sono felici e soddisfatti, allora vi è possibilità di lavoro, il che vuol dire la possibilità di dare a molti uno stipendio.

Se, al contrario, questa situazione non vi fosse, allora i mercati sarebbero scontenti e, quindi, niente lavoro e guadagno per milioni di persone. Ora, questo modo di ragionare ha letteralmente ancorato la vita all'economia (a tal punto che per molti lo stato d'animo ormai dipende dall'andamento di tale disciplina) non soltanto quella personale, del proprio mondo, ma anche quella che riguarda l'intera società. Verrebbe da dire che si è ridotta l'esistenza a un mero economicismo, tutto a vantaggio di chi specula sulle disgrazie di chi è costretto a lavorare. La perversione di questo modo di intendere la vita si spinge anche oltre. Se vi è lavoro, se i mercati funzionano, vi sono più possibilità lavorative, più soldi da spendere, più si spende più l'economia cresce, più questa cresce più gli individui sono felici e la società (la nazione) acquisisce un ruolo di potenza mondiale. Insomma, un circolo che si alimenta di continuo, in cui ogni elemento è legato all'altro, non già dalla necessità oggettiva, ma dall'idea che viene inculcata nella gente, ovvero di credere che da una causa ne consegua necessariamente un'altra. Si tratta però di una necessità psicologica, nel momento in cui la discriminante per determinare una vita felice diventa il denaro e, attraverso di esso, la capacità di poter acquistare, il che altresì significa la possibilità di poter soddisfare dei desideri. La soddisfazione del proprio essere passa, quindi, attraverso l'acquisizione di un mezzo, il denaro, che è stato creato appunto per rendere l'individuo schiavo, in maniera doppia se si pensa che per guadagnare si ha bisogno di lavorare (anche il rubare può essere un lavoro, se lo si considera come necessità imposta per il fine del guadagno). Per una società in salute, armoniosa e solidale, il lavoro non è necessario. Quello che è necessario è che le azioni umane siano produttive, nel senso che rispondano a una necessità creativa, senza filtri o ostacoli determinati dalla costrizione. Vi è un abisso tra il mondo immaginato da chi sostiene la bellezza del libero mercato in cui si offre al consumatore la scelta determinata dalla libera concorrenza, e la realtà lavorativa di milioni di persone costrette a seguire regole, orari prestabiliti, spostamenti, a subire ansia e stress. Il prezzo fisico e psicologico da pagare non è assolutamente necessario a rendere la vita delle persone e del mondo migliore. In questo senso il lavoro in una miniera del XIX secolo è perfettamente assimilabile a quello di un impiegato di multinazionale del XXI secolo, chiuso in uno spazio angusto, di fronte a un computer per 8 e più ore, con la possibilità di alzarsi solo allo scoccare di ogni ora, che non ha praticamente relazioni con gli altri individui che lo circondano, se non quelle basate sull'estrema competitività. Insomma, un essere spremuto come un limone, fisicamente e psicologicamente, pagato da fame e totalmente dipendente dalle distrazioni della società consumistica, che, ovviamente, deve pagarsi con il denaro guadagnato in un lavoro che lo schiavizza. Una mente libera da ogni pregiudizio, dotata di buon senso, ancora capace di esercitare un pensiero critico, non può partorire un'aberrazione del genere, un mondo in cui all'uomo non appartiene nemmeno il frutto del proprio lavoro, ma, anzi, egli stesso è schiavo, ingranaggio di un sistema che lo imprigiona e lo rende un essere privo di forza, di creatività e di vita. Uno degli obiettivi della schiavitù del lavoro è atomizzare la società, separare gli esseri umani gli uni dagli altri, impedire che questi possano riflettere, pensare, risvegliare la propria anima. Meglio che gli individui vivano con il velo calato davanti agli occhi, una copertura che, di volta in volta, assume le caratteristiche dei vari spettacoli consumistici, degli oggetti utili a soddisfare desideri appositamente creati per distogliere l'uomo dalla sua libertà. Si comprende sempre di più che un vero recupero della libertà passa dall'abolizione del lavoro, la quale distrugge anche la dipendenza in cui l'umanità si trova nei confronti di tutti quegli oggetti e servizi che lo schiavismo produce per manipolare le vite degli esseri umani. Ma non si può capire tutto questo se non si muta la prospettiva: non più vedere il mondo attraverso il prisma dell'economia, dello sfruttamento, dell'accumulazione di denaro, ma vederlo attraverso la consapevolezza che la vita dell'uomo è fondamentalmente libertà di essere ciò che si è, di fare ciò che la volontà libera creativamente spinge a fare. Su un punto coloro che detengono il potere di determinare la schiavitù del lavoro hanno avuto un enorme successo: far credere alle persone che la loro vita dipende completamente dal lavoro e da tutto quello che ne consegue, in primo luogo l'ottenimento del denaro. Perché la schiavitù nella storia è sempre apparsa come un'imposizione, per molti era ben chiaro che fosse uno strumento per limitare la libertà personale, tanto dal punto di vista fisico che mentale. Con il tempo però, essa ha mutato prospettiva, si è talmente intersecata con l'esistenza delle persone da assumere forme che da tanti vengono considerate come fondamentalmente innocue, se non addirittura necessarie alla vita stessa. Ecco quindi l'idea secondo la quale lavorare serve, guadagnare è importante, spendere denaro e averlo sempre di più sono condizioni imprescindibili per una vita sana. Questo modo di pensare e di condurre la propria esistenza è talmente introiettato che si fa fatica a credere che, invece, si tratti di schiavitù e che non vi è nulla di nobile e liberatorio nel lavoro. Semmai è il contrario. Il lavoro è il principale strumento per mezzo del quale milioni di esistenze vengono intrappolate in un buco nero che risucchia energia, tempo e risorse. Uno strumento che ruba la libertà alle persone, che le mette nella condizione di non poter più uscire dal perverso circolo psicologico che le ingabbia. L'emancipazione da questo stato di cose significa riacquistare la libertà di poter essere finalmente umani, non automi, non macchine, non schiavi di un sistema che vuole dominare (e domina di fatto) sulle esistenze di chi non riesce a liberarsi dal velo che gli copre gli occhi.

18

Nella società di oggi il disoccupato è un reietto, l'ultima ruota del carro. Si provi a presentare se stessi a qualcuno (o ancora peggio a qualcuna) ammettendo di essere disoccupati. Seppur non immediatamente, ma si sarà considerati come delle persone che non hanno voglia di lavorare. Chissà quindi cosa potrebbero pensare di quelli che affermano la necessità di un superamento del lavoro. In realtà lo schiavismo del lavoro è diventato a tal punto pervasivo che un mestiere, o la mancanza di esso, è il barometro per misurare il valore di una persona. Non solo, poiché il lavoro è strettamente correlato al denaro, più si lavora e più si guadagna, ragione per cui chi guadagna deve avere certamente un valore superiore rispetto a chi non ha uno stipendio. Ormai non è detto che avere un lavoro significhi guadagnare bene, per non parlare di molto bene. Lo schiavismo lavorativo spinge verso il basso gli stipendi, trasformando l'umanità in una massa informe di poveri e nuovi poveri. Una condizione contro la quale l'uomo contemporaneo si ribella, e lo fa addossando le colpe non al fatto che esiste un sistema corrotto e schiavistico che si fonda sul lavoro, ma, al contrario, assumendo su se stesso la colpa della sua condizione di povero o di disoccupato. Il lavoro, che per lungo tempo è stato semplicemente un mezzo per procurarsi da vivere, è divenuto, nel tempo, la ragione di vita degli individui, la pietra di paragone per giudicare la propria e l'altrui esistenza. Si rifletta su questo: gli aristocratici, nel tempo in cui esercitavano un reale dominio nella società, non lavoravano. Questa classe, seppur largamente parassitaria, aveva compreso che il lavorare era essenzialmente un'attività degradante e se ne tenevano lontani il più possibile. Per loro il lavoro non avrebbe mai potuto nobilitare l'uomo, anzi, l'avrebbe fatto cadere in basso nella scala sociale. Certamente, l'aristocrazia si è anch'essa appropriata della propaganda lavorista, per questo motivo ha contribuito a diffondere l'idea che il lavoro è fondamentale nella vita dell'uomo, ma l'uomo era sempre l'altro, mai quello appartenente alla classe sociale aristocratica. Bisognava, in sostanza, far digerire a milioni di persone che essere schiavi è bello e che senza la schiavitù chiamata lavoro non si può vivere, non si può avere accesso alle comodità dell'esistenza. Tali comodità sono state e sono artificialmente prodotte per fare in modo che gli esseri umani siano sempre dipendenti da qualcosa e per soddisfare tale dipendenza debbano necessariamente ricorrere al lavoro. In questo senso il lavoro diventa una droga, di fatto per molti lo è, perché, nel momento in cui questa manca, non sanno dare senso alla propria vita, se non all'interno di quell'angusta categorizzazione del mondo prodotta dallo schiavismo lavorativo. Il lavoro, quindi, e tutto l'apparanto propagandistico che è spesso in mano a chi si guarda bene dal lavorare, sono i mezzi per creare un mondo fantastico e illusorio dove agli uomini viene fatto credere di poter realizzare tutti i propri sogni attraverso l'attività lavorativa. Quello che ottengono, invece, è solo degradazione, perdita della propria libertà, indipendenza e integrità. Il mondo che circonda milioni di persone, in particolare oggi, è una realtà distopica in cui l'umanità viene privata sempre di più della propria libertà, tanto di agire quanto di pensare. Gli apparati tecnologici fanno progressi ma lo schiavismo del lavoro rimane quello di sempre, lasciando la tecnologia nelle mani di coloro che la utilizzano per mettere in atto forme sempre più raffinate di coercizione e violenza. Fino a quando le persone crederanno a queste favole? Fino a quando si impediranno la rimozione degli ostacoli che permettono all'umanità di prendere coscienza della propria condizione? La situazione è drammatica ma, guardando al lato positivo delle cose, si possono già avvertire dei percettibili cambiamenti nel paradigma con cui si affronta la questione del lavoro. Come già accennato, sono sempre di più coloro che non vogliono essere schiavizzati e rinunciano a lavorare, seppure siano ancora dipendenti dalla ricerca di un altro impiego, oppure afflitti dalla mancanza di un'occupazione. Tuttavia, un cambiamento come questo non lo si può ottenere a breve termine, perché si tratta soprattutto di un mutamento culturale, prima ancora che di decisioni politiche, le quali spesso seguono ai grandi mutamenti culturali e di prospettiva. La prima grande consapevolezza passa dall'accettare il fatto che il lavoro come sistema non è stato creato per rendere l'umanità libera, se fosse questo l'obiettivo, l'umanità avrebbe già smesso di lavorare da tempo. In realtà il lavoro, come complesso di imposizioni di tipo schiavistico, è nato proprio per eliminare la libertà degli esseri umani. Con qualche aggiunta in più: far apparire il lavoro, e la routine lavorativa quotidiana, come una necessità, come cioè un fatto dato, dal quale non si può sfuggire. Una condanna mascherata da opportunità, una prigione fatta passare per la realizzazione di tutti i desideri. Coloro che detengono il potere, e, conviene ripeterlo, non lavorano o non lo fanno troppo, hanno capito che il lavoro è la più potente arma di controllo e di manipolazione di massa. Il denaro, il consumo, i falsi desideri indotti, non sono che dei corollari al principale strumento con cui si tiene ammaestrata l'umanità. Attraverso il lavoro si ottiene un duplice scopo: da un lato si mantiene l'essere umano in una condizione di controllo e dipendenza permanente; dall'altro l'essere umano è svuotato da dentro, del corpo e della mente. Nel momento in cui un individuo è privato del controllo sul suo corpo e sulla sua mente non lo si può nemmeno più chiamare uomo, ma semplicemente un automa. In un prossimo futuro, se questa condizione schiavistica non muterà, potrebbe accadere che le macchine avranno più autonomia decisionale rispetto agli uomini, i quali credono di ragionare in maniera indipendente ma, in realtà, non sono che manipolati e costretti a ubbidire a coloro che impongono una schiavitù senza fine. Soltanto la libertà può rendere l'uomo pienamente ciò che è, un essere creativo che dispiega la sua volontà in un mondo nuovo, in cui le persone sono solidali le une con le altre e dove all'egoismo si sostituisce la libera e consapevole collaborazione. Ma fino a quando il lavoro imporrà le proprie catene agli esseri umani, questa prospettiva di liberazione sarà solo un lontano miraggio. La scelta è tra essere schiavi, oppure liberati da un fardello che mette in crisi l'esistenza. Si può tornare a essere uomini e donne, liberi nella propria volontà creativa, a patto che si arrivi all'abolizione del lavoro. Lavorare non serve all'umanità, serve, invece, a coloro che l'umanità la vogliono controllare, manipolare e schiacciare. Chi è ancora pronto a accettare questa condizione, non ha ancora compreso cosa significa far parte del sistema schiavistico del lavoro. Eppure, non si può che essere positivi, perché un mondo senza lavoro non è solo possibile ma anche l'unica via per riconquistare la libertà.

19

L'abolizione del lavoro si rende ancora più evidente quando si analizza in che modo le professioni sono cambiate nel corso del tempo. L'antropologo statunitense, David Graeber, pubblica un articolo nel 2013 su Strike Magazine, dal titolo *On The Phenomenon of Bullshit Jobs* (Sul fenomeno dei lavori inutili), in cui si analizza proprio l'evoluzione (o, forse sarebbe meglio dire involuzione) del mondo del lavoro. Come prima cosa Graeber si domanda come mai l'evoluzione tecnologica, che pure oggi già permette la produzione impiegando molto meno ore rispetto al passato, non abbia portato a una significativa riduzione delle ore di lavoro. Al contrario, la tecnologia è stata, e viene utilizzata, per tenere le persone ancora più legate al lavoro. Si ha ancora qualche dubbio sul fatto che il lavoro, lungi dal puntare alla produttività, sia, in realtà, semplicemente un modo per schiavizzare l'umanità? L'analisi di Graeber cerca, quindi, di rispondere alla questione: perché l'avanzamento tecnologico non ha portato a una riduzione delle ore lavorative? E, soprattutto, come è possibile che, oggi, nonostante il lavoro si sia in gran parte automatizzato, le persone continuano a lavorare come prima, se non addirittura di più? Per rispondere a questa domanda è necessario andare a dare uno sguardo a come funziona il mondo del lavoro contemporaneo. In una società tecnologica avanzata, il modo per tenere schiavizzati gli esseri umani passa attraverso la creazione di lavori totalmente inutili (*bullshit jobs* appunto). Graeber mette in evidenza come milioni di persone, in Nord America e in Europa, passino le loro vite impiegati in lavori che loro stessi ritengono inutili e senza senso. Le conseguenze di questa enorme perdita di tempo non sono solo meramente economiche, anche perché, spesso, i salari non sono adeguati, ma anche morali e psicologiche. Non è possibile stupirsi del fatto che, oggi, gran parte delle spese dei singoli individui vadano in medicinali per lenire i danni causati da queste forme di occupazione di cui nessuno capisce il senso e l'utilità, ammesso che ne abbiano. Tra il 1910 e il 2000, gli anni presi in esame dall'analisi di Graeber, molti lavori nell'industria, nell'agricoltura, nell'artigianato, sono quasi completamente scomparsi. Allo stesso tempo, mestieri impiegatizi, manageriali e in generale legati ai servizi, sono triplicati, passando da un quarto a tre quarti di tutte le persone impiegate nel mondo del lavoro. In sostanza, quello che emerge dai dati, è che i lavori produttivi, quelli cioè che consistevano nel generare oggetti, sono stati quasi completamente automatizzati. Ora, tutto questo processo, lungi dall'aver contribuito alla riduzione delle ore di lavoro delle singole persone, ha portato alla creazione non solo di nuovi mestieri ma, addirittura, di nuovi settori lavorativi, come i servizi finanziari, le pubbliche relazioni i servizi amministrativi e il telemarketing. Accanto a questi settori ve ne sono altri che si potrebbero configurare come indotto, come a dire, esistono perché vi sono persone impiegate in tutti gli altri settori. La sensazione è proprio quella che si creino dei lavori inutili e privi di senso, oltre che poco o per nulla produttivi, solo per tenere la popolazione occupata. Se questo potrebbe avere un senso positivo da un punto di vista meramente statistico (si abbassa la disoccupazione), dal punto di vista psicologico e morale distrugge completamente la personalità degli individui. Questi, infatti, per la gran parte si chiedono continuamente perché passano la loro vita a fare lavori (o non-lavori) la cui esistenza è assolutamente inutile. Con una precisazione, questi lavori sono inutili per chi li fa, ma non per chi li crea, perché l'obiettivo è proprio quello di mantenere in schiavitù milioni di persone, non importa a fare cosa e perché. Coloro che non vogliono che l'essere umano sia finalmente libero capiscono molto bene l'utilità di lavorare, sempre e comunque. Eppure il capitalismo dovrebbe, nel suo stadio di maggior sviluppo, portare al processo inverso, ovvero a una riduzione della forza lavoro, considerando che la produzione è in larga parte automatizzata. Ma questo non avviene. Forse non è il profitto quello che muove le multinazionali a impiegare ancora centinaia di migliaia di persone nel mondo. La fotografia dettagliata di questa apparentemente bizzarra situazione la si può notare proprio nelle multinazionali, le quali, spesso in qualche Paese dell'Est Europa o del Sud-Est asiatico, in edifici enormi costruiti in vetro, impiegano centinaia di persone (costrette in molti casi a emigrare dal loro

Paese d'origine per lavorare). Questi uomini e donne stanno letteralmente seduti davanti a uno schermo di computer per otto ore a fare mansioni che, in molti casi, possono essere svolte in breve tempo e da qualsiasi parte del mondo. Tuttavia, devono rimanere al proprio posto. E se si prova a chiedere, esattamente, in cosa consiste il proprio lavoro, sono loro stessi a non saperlo. La gran parte del tempo restante poi è trascorsa in riunioni motivazionali oppure a riempire caselle excel. Per chiunque sia riuscito a togliere il velo che copre gli occhi e impedisce di guardare la realtà, appare evidente che qui la questione non è affatto la creazione del profitto, la crescita economica, o il vendere prodotti o servizi. Al contrario, si tratta di una questione morale e politica. Come sottolinea Graeber nel suo articolo, e con cui non si fa fatica a concordare, coloro che detengono il potere hanno capito che una popolazione felice, produttiva e, soprattutto, con molto del proprio tempo a disposizione, è un pericolo da scongiurare a tutti i costi. Inoltre, l'idea che avere un lavoro sia essenziale e nobilitante, mentre non averlo sia una sventura e una caduta verso il basso nella scala sociale, è un potente strumento di ricatto e di controllo nelle mani di coloro che vogliono tenere l'umanità nella condizione di schiavitù perenne. Questa idea si è talmente introiettata nelle persone da essere completamente sovrapposta alla volontà del singolo. Come a dire, è impossibile che non si lavori, è impossibile che una persona non voglia lavorare o che perda il lavoro. Rifiutare il lavoro, quindi, da imperativo morale per la riconquista della libertà, assume i connotati di un comportamento da condannare come antisociale. Eppure, la realtà dei fatti mostra come l'ansia, lo stress e la depressione sono in crescita, proprio tra gli individui costretti a lavorare e a svolgere mansioni inutili. Si spendono sempre più soldi, che non sono mai abbastanza, per trovare una via di uscita da condizioni invalidanti. E, tuttavia, più si prova a uscirne e più si viene risucchiati da una spirale che ha ormai generato una tale egemonia nella società che non è più semplice venirne fuori. Si può cominciare con la presa d'atto: il lavoro non è (ammesso che lo sia mai stato) un modo per migliorare le condizioni fisiche, psichiche e economiche dell'essere umano. Il lavoro è un modo per schiavizzare l'umanità e per distruggerne la libertà.

20

A questo punto potrebbe essere opportuno porre la questione: ma come si possono distinguere, chiaramente, i lavori inutili da quelli utili? Il punto è che chi detiene la maggior parte della ricchezza nel mondo, grosso modo l'1% della popolazione, è in grado di determinare non solo cosa sia il mercato e quali le necessità produttive, ma anche quali lavori possano essere classificati come utili e unutili. Lo si è visto già nel caso della tecnologia. Se questa volesse essere utilizzata per ridurre le ore lavorative, oppure ancora per contribuire a eliminare il lavoro come forma di schiavismo, lo si potrebbe fare. Eppure, si preferisce automatizzare certi tipi di lavoro e crearne altri per continuare a tenere sotto stretto controllo la popolazione. L'inspiegabile diffidenza che certe persone provano verso la tecnologia contribuisce poi a fare in modo che questa venga utilizzata solo da quella stessa parte di popolazione che detiene la ricchezza e che impedisce in ogni modo che le macchine, intelligenti o meno, possano aiutare l'uomo a emanciparsi dal lavoro. La presupposta nobiltà del lavoro cade nel momento in cui sono le persone stesse, quelle costrette in mansioni inutili, a confessare, più o meno apertamente, che farebbero volentieri a meno del lavoro che hanno. Non solo, ma hanno molta difficoltà anche a capire come il loro lavoro possa essere in qualche modo utile all'azienda, alla comunità e alla loro vita. La frustrazione che deriva da questo fatto è enorme e non vi sono medicinali (ma Big Pharma è certamente contenta di fare soldi su questi disperati) che possono alleviare questa condizione psicofisica invalidante. La verità è che in molte realtà lavorative, specie quelle multinazionali, le grandi corporation, si è semplicemente un numero, una pedina, un elemento facilmente sostituibile da centinaia di altri. Non vi è più, tra l'altro, la volontà e la necessità da parte delle aziende di formare delle professionalità, ovvero di fornire ai lavoratori delle competenze che possano fungere anche da motivazione per delle specifiche mansioni. Tutto il contrario, la formazione è limitata a qualche settimana, per imparare (o far finta di imparare) dettagli inutili che serviranno poi per portare a termine altrettante inutili mansioni. Questo ha un preciso scopo: impedire che una persona possa formarsi e spendere la propria capacità altrove, sempre ammesso che quello che si apprende sia utile, ma vi è modo di dubitarlo. Il lavoratore deve sempre poter essere sostituito. La crisi economica fa il resto, offre cioè alle aziende una riserva infinita di soggetti pronti a sostituire quelli che vengono esclusi o che lasciano di propria volontà. Infatti, non a caso, il ricambio all'interno delle multinazionali è molto alto. In media un individuo non resiste più di due o tre anni all'interno dello stesso ambiente di lavoro, insomma giusto il tempo di rendersi conto di quanto alienante e ripetitivo sia il suo lavoro. Purtroppo le cose non mutano una volta lasciato un posto, se ne deve cercare un altro che, nel 99% dei casi è uguale al precedente, a cambiare è solo il nome della multinazionale di turno, la sostanza rimane la stessa. Questo perverso sistema costringe le persone a una vita di precarietà e nomadismo lavorativo, senza la minima possibilità di costruire o progettare un futuro. Tra gli unici scopi della vita vi sono semplicemente lo spendere quei (pochi) soldi che vengono elargiti in cambio della propria libertà. Emerge così una filosofia di vita improntata al cogliere l'attimo, all'edonismo momentaneo e fortemente incasellato nel sistema voluto e costruito dagli schiavisti. Una prospettiva scoraggiante che, da sola, basterebbe a far concludere che l'abolizione del lavoro sia una necessità che non può più essere posticipata. L'abilità di chi detiene il potere di determinare e limitare la libertà degli individui è stata (e lo è ancora) quella di aver creato una sorta di bolla dove o si sta fuori o dentro, ovvero o si lavora, oppure non lo si fa ma si deve passare il tempo a tentare di rientrare dentro la bolla. Il lavoro è la base della schiavitù, da cui poi dipendono tutta una serie di conseguenze che inchiodano ancora di più gli esseri umani alla loro condizione. Il lavoro non è stato inteso, e mai lo sarà, come uno strumento di liberazione e di affrancamento dalla schiavitù. Tutt'altro! Il lavoro è lo strumento attraverso il quale l'umanità non riuscirà mai a raggiungere la libertà. Parole come libertà, solidarietà, collaborazione, rispetto, creatività, non avranno mai posto in un mondo dominato dal lavoro, perché questo è particolarmente implementato per impedire che l'uomo possa essere libero e, lui solo, padrone del proprio destino. Al posto della libera creatività, si ha il ricatto della schiavitù lavorativa, che prosciuga ogni energia, ogni stimolo, ogni capacità. Proprio questo serve al Potere: impedire che le persone possano essere libere, fare in modo che non possano disporre del proprio tempo. Con suprema e perversa capacità si è riuscito a inculcare nelle menti della gente il fatto che il lavoro sia l'unico mezzo per poter affermare la vita e la propria posizione all'interno della società. Al contrario, il lavoro è la negazione della vita e la società del lavoro non è che un distopico mondo dove l'essere umano non è che un numero, neanche troppo importante, all'interno di un sistema precostituito. In tale sistema non vi è posto per la libertà. Per questo motivo sarebbe utile sottolineare che, anche se in futuro ulteriori mansioni dovessero essere automatizzate, ne saranno create altre per continuare a mantenere gli esseri umani schiavi. E i lavori che saranno creati saranno ancora più stupidi e inutili di quelli di oggi, tuttavia si conterà sul fatto che l'umanità del futuro affronterà con il sorriso sulle labbra l'ulteriore tappa della schiavitù. Per questo è necessario svegliarsi e prendere coscienza del fatto che il lavoro va abolito e non c'è molto tempo per continuare a rimandare una tale presa d'atto. Più il tempo passa e più il Potere disporrà della capacità di creare nuove forme di schiavitù con cui limitare la libertà degli individui. Come già affermato altrove, questo testo vuole mettere in evidenza come il bicchiere sia da considerare mezzo pieno, ovvero che, al netto di ancora tanta stupidità, l'umanità ha cominciato, lentamente ma in modo deciso, a capire che la libertà e la vita sono di gran lunga più importanti di una schiavitù permanente. E che, nonostante il mondo apparentemente dorato offerto dalle lusinghe del lavoro, scambiare la propria libertà per pochi denari o qualche inutile carica non vale assolutamente il prezzo da pagare. La marcia verso l'abolizione del lavoro è solo all'inizio ma se gli obiettivi sono chiari, il risultato, prima o poi, non tarderà certamente a arrivare. Vi è in gioco la libertà, la creatività, il poter essere se stessi senza filtri e ostacoli. L'abolizione del lavoro offre finalmente tutto questo, non basta che scegliere.

BIBLIOGRAFIA

La presenza di testi che si occupano direttamente dell'abolizione del lavoro non è molto fitta. Per la gran parte si tratta di articoli o saggi brevi, apparsi su varie riviste nel corso dei decenni e, successivamente, raccolti in libri. Si può iniziare con il libro di Bob Black, *The Abolition of Work and Other Essays*, Loompanics Unlimited, 1985. Di questo testo esiste una traduzione italiana, Bob Black, *L'abolizione del lavoro e altri saggi*, Ortica editrice, 2023. Dell'abolizione del lavoro si occupa principalmente il primo saggio presente nella raccolta. Per comprendere quanto Bertrand Russell fosse interessato alla riduzione delle ore lavorative, conviene leggere Bertrand Russell, *Elogio dell'ozio*, Tea, 2018. Anche qui, come nel testo precedente, il saggio da cui prende il titolo l'opera è il solo che si occupi del lavoro e di una sua sostanziale riduzione. Il testo più completo è senza dubbio *Why Work? Arguments for Leisure Society*, curato e pubblicato da Freedom Press nel 1983 e poi ripubblicato nel 2016 e nel 2019. La prima versione è stata curata anche da Vernon Richards. All'interno del libro, tra gli altri, si possono trovare i saggi di Bertrand

Russell, *In Praise of Idleness* (1932), *Beyond an Economy of Work and Spend* di Juliet Schor (1997) e *On the Phenomenon of Bullshit Jobs* di David Graeber (2013). Questi ultimi due autori hanno poi sviluppato le idee espresse nei loro articoli in pubblicazioni più ampie negli anni successivi.

ANNOTAZIONI